U0088424

生死轉念

唯有放下才是真正的慈悲

曲徑通幽道，
禪房草木深，
心中不種無名草，
性地常開智慧花。

生活禪：37

生死轉念：唯有放下才是真正的慈悲

作者　汎遇
出版者　大拓文化事業有限公司
執行編輯　張麗美
美術編輯　姚恩涵

總經銷　永續圖書有限公司
劃撥帳號　18669219
地址　22103　新北市汐止區大同路三段一九十四號九樓之一
TEL　（○二）八六四七—三六六三
FAX　（○二）八六四七—三六六○
E-mail　yungjiuh@ms45.hinet.net
網址　www.foreverbooks.com.tw

CVS代理　美璟文化有限公司
TEL　（○二）二七二三—九九六八
FAX　（○二）二七二三—九六六八

法律顧問　方圓法律事務所　涂成樞律師

出版日◇二○一五年十二月

Printed in Taiwan, 2015 All Rights Reserved
版權所有，任何形式之翻印，均屬侵權行為

Talent Tool 大拓 | 永續圖書線上購物網
www.foreverbooks.com.tw

國家圖書館出版品預行編目資料

生死轉念：唯有放下才是真正的慈悲／汎遇著.
-- 初版. -- 新北市：大拓文化，民104.12
面；　公分. --（生活禪；37）
ISBN 978-986-411-020-9(平裝)
1.佛教修持 2.生活指導
225.87　　104020923

天蒼蒼，地茫茫，
人間宛如迷航，
尋覓、尋覓！
經過了無知、經過了追尋，
越過迷惘……
終於，他找到了！

親情

慈悲

智慧

菩提

人生周遭事物，隨時都在變化，
世間萬物，亦隨著因緣而改變。
修行者，要勇於面對人生的種種變化。
隨著世間緣生緣滅，人、事物的衝擊，
修行者要如何看得透、放得下？

曲徑通幽道，
禪房草木深，
心中不種無名草，
性地常開智慧花。

親情

三界：欲界、色界、無色界。
六道：天、人、阿修羅、畜生、餓鬼、地獄

悟盡世間煩惱，一切當下自在。

夢寤

腿雙盤，意念不外馳、不內索，輕輕止於一點。

這只是輕安，日積月累，久住輕安，才能循序漸入定，定的層次亦多……。

忽然，傳來一股訊息……。

意念無法再止於一，因為……他聞到一股死亡氣息，死亡尚未腐敗，所以……，任務也好；因緣也罷，他得出面了！

天色猶亮，粼粼波光，映照出一抹老邁、微屈身影，正欲踩入淺浪沙灘之中……。

「等一下！」

微屈的老邁身軀一震——怎麼有人？剛剛明明沒看到半個人呀？

「請妳說出緣由，死了，心裡也舒坦些！」

老邁身軀再次大震，迅速轉身向他，一雙渾濁老眼直直盯視著。

「放心！我不阻礙妳死，只想聽妳的心事。」

老嫗猶豫一會兒，向前走近他，同時，泊泊而無聲，流下珠淚……。

「來！坐下！說出妳內心的話罷！」

天色暗了一層，浪花更低，沙灘上不遠的一叢矮灌木，還是呆愣愣的矗立著。

只有天、只有浪花、只有矮灌木，是不管人間悲苦與歡樂。

但還是靜靜地聽著……。

老嫗名叫林含笑，其實，應該叫含悲。單生一男一女，老伴很早就走了，乖順的女兒，出嫁不久，竟生病死了。

兒子——黃二宇打小就因為過度的寵溺，長大、娶媳婦、當了父親後，對母親——含笑更凶戾。

黃二宇好吃懶做，沒錢就向含笑伸手，一家大小全仰賴含笑撿拾破爛。最近，撿拾破爛的人，忽然增多不少，加上含笑身體更差，微薄的收入，不夠養一大家子人。

黃二宇以為含笑將錢私藏起來，竟變本加厲的漫罵含笑，甚至還動手打她。這樣的兒子，簡直比陌生人還可惡！

日子苦還可以忍耐，最不能忍受的，是受了重傷的心，不斷的滲血，而且是無時無刻的滲血！

含笑的心死了，對世間沒有任何留戀。

「睡一會兒吧！」

含笑怔訝的看他。

「死前，好好休憩一會兒，放心，我絕不會阻礙妳死！」

真的很乏累，吐出心中怨事後，含笑頓覺好舒坦！她緩緩閉上眼……。

傷懷、傷慟，傷……，含笑的心和身軀全都碎裂了！

絕然的死志，令她勇敢的把自己投入波濤洶湧的大海，極端痛苦的掙扎過後，她頓感身軀輕盈……，就在此時，一個青面獠牙的人，將手中粗而重的鐵鍊套上她的脖子……。

痛！痛斃了！含笑不得不跟著被拖向前。

渾沌的周遭，令她分不清天、地，更不知道自己身在何處？要去哪？

「啪——。」宛如雷鳴，含笑嚇一大跳，脖子隨之一輕，面前一隻長方形大桌，上面坐了個威冷的人，問她為什麼要自殺？自殺罪很重的啊！

含笑雖然渾噩，依稀記得心口的傷痛，她再次哭訴著不堪的過往……。

「恁可惡！該受報！」威冷聲音暴響。

青面獠牙的人，領著含笑，來到一面大大的水晶鏡前，矇矓的鏡面，輕霧飛散開來。

家！是家！是含笑魂牽夢繫的家！

赫！三個孫子都長大成人了。

黃二宇老了！病懨懨的仰靠在破沙發上，喘大氣。孫子跨進來，衝上前，伸手抓起黃二宇，像拎小雞般，又重重將之摔到地上。

黃二宇頭破血流，孫子對他又打又踹，漫罵一陣，出門走了。

黃二宇匍匐許久，異常艱難的慢慢爬向沙發……。

含笑看到他跛了的左小腿，爛瘡上有許多白色小蛆蛆，隨著他一動，紛紛往下掉落……。

就這樣，黃二宇一而再，再而三的受到打罵，加上全身上下都傷痕累累，傷口惡化，導致他痛苦不堪，可是卻又死不了，雖然奄奄一息，依舊不斷受到劇創……。

再怎麼說，都是自己的兒子，看到兒子這樣，含笑心口很痛，這比當初兒子打她、罵她，更讓她難過，她很不忍、很懊悔……。

含笑由夢裡哭醒過來。哦！他在不遠處打坐呢！

「我……死了嗎？」含笑急切的問、急切的看著周遭。

「沒有。」

含笑摸摸自己身軀、雙手，還是溫熱的，她若有所失問：「我剛才作夢了？」

「是夢，也是事實！」

「呀！怎……怎麼說？」含笑訝然驚問。

「如果妳現在死了，剛才的夢境，就會成為事實！」

夢裡的創痛，深刺著含笑的心，她驚跳起來，大聲說：「我不要死！」

他清明眼神，飄向含笑。

「我不要死！」含笑又有疑問：「可是，我不明白，為什麼我死了，我兒子要受這麼大的痛苦和傷害？」

「果報啊！妳壽命未終，因為兒子而死，他就得承受加上利息的果報呀！」

含笑呼出一口大氣，彷彿「死」的念頭，也將之呼掉了似。

然而，不想死，就得回去，回去面對討厭的兒子，含笑不禁鎖緊眉峰，猶豫了……。

她轉向他，虔誠的跪下來：「請問，我該怎麼辦？」

「解鈴尚須繫鈴人。我只能建議妳離他遠一點，儘量別跟他住在一起！」

「呀！我明白了。」含笑點點頭，擦著眼角。

真是一語點醒夢中人，含笑開竅似，步履不再沉滯的走了。

他輕吸一口氣，啟唇，低低吟著：「**在夢為實；於覺是幻。夢裡明明有六趣，覺後空空無大千。**」

兩難捨

雲有多重面貌：閒逸雲、凝滯雲、翻騰雲、類形雲——例如類動物、擬人物……。

它，一如熙攘的大千，而大千的人，是多變而不可測。

人晶瑩、心剔透，不落入「我見」，所以，在他眼中，六道中的——人道，其實就涵蓋了六道呀！

許薇華的日子，恍如天人般，過得優逸而充裕，可以說，要風得風；喚雨得雨。

父親是牙醫，她是父母的掌上明珠，光是她名下就有兩間東區的高檔房子，每年都固定出國兩、三趟。

放眼她周遭的朋友、同儕，誰不羨煞？

但是，她卻也有煩惱啊！

每次，與親朋好友聚會、餐敘，她都故意躲在陰暗角落，欽羨的欣賞場中衣香鬢影的俊男美女，她……好想加入他們喔！

這時，一位看來帥氣的男士走近她，善意的要替她服務；問她想喝啥？兩人還相談甚歡。就在男士看清楚她之後，表情不自然的引退。

另有一次，她認識一位網友，兩人相約見面，網友風度翩翩，她驚喜得心中有如小鹿亂撞。

想不到，網友看清楚她——駝峰背、一長一短的腳後，竟慌措的逃開了。這事，讓她消沉了好久。

後來在一個機緣下，她認識長相平庸的男孩，男孩表明了，不注重她的外表，她也放心的跟他交往。

想不到，父母堅決反對，尤其是她媽媽，一再強調：「男孩不注重她的外表，只注重她的財產！」

薇華當然不相信，她跟父母爭執一段很長時日。

這期間，平庸的男友說，他因母親生病，沒錢去看醫生，為此他負了一筆卡債。薇華悄悄替他還清了。

過沒多久，男友說他被公司炒魷魚，房貸繳不出，父親老了，沒辦法賺錢，薇華二話不說，設法將父母給的一筆定存，解約拿出交給男友繳房貸。

薇華覺得心裡很欣慰，這就是她「愛」的表現，也讓她感到自己還有點用處！

有一天，媽媽邀薇華一起外出。薇華很意外，媽媽沒開車，地點更是薇華所陌生的，母女倆坐在計程車內，車子停在馬路旁。

過了一個多小時，薇華忍不住問：

「媽！妳帶我來這兒幹嘛啦？我想回家！」

媽媽眼光清冷的瞪她一眼：「再等一下吧！」

就在這時，對面公寓大門開了，一對男女卿卿我我的相擁踏出來。

薇華一看，渾身冰透了！是她的男友！他身旁的女生，打扮得妖豔。

顧不得不方便的腳，更不管媽媽的阻止，薇華衝下車，奔到男友面前質問。

結果……結果當然不問可知，更過分的是，男友當面損薇華：「妳長這樣，我怎可能娶妳？」他還摟著快變臉的女友，接口道：「像這樣的美女，才是我心目中的女神。」

薇華恨聲想索回她給的錢，男友竟然誇張的否認：「天哪！我這種人會向妳借錢？無憑無據的，妳胡說什麼呀？」

他身旁的女友，一面搖頭；一面不屑的上下打量薇華，尤其是她的眼光，有意緊盯住薇華的長短腳。

媽媽白著臉，硬把薇華拖回車上。

重創之下，薇華徹底死心了，她無語問蒼天：「我別無所求，我只要一個真正愛我的人，我所要的，只不過是一段小小的感情啊！這一點小小願望，也無法達到嗎？」

看著淚眼滂沱的薇華，睿智的他，低聲開口道：「嗯……，用妳目前所擁有的，去交換一段愛情，妳可願意？」

「我……聽不懂您的意思。」薇華皺起眉心，擦擦眼角，怔愕反問。

他點點頭，更白的說道：「如果……妳沒有錢、沒有房子、沒有華服、不能吃美食、不能出國，但身邊只有一位深愛妳的男朋友，妳可願意？」

「這……。」薇華墮入深深的沉思中。

好一會兒，她抬眼，迷離的說：「這樣的人生，有什麼用啊？」

他倏忽淡笑：「妳不就只有這一點小小願望嗎？若將妳身邊的所有，去交換一段感情，讓妳達成願望，不好嗎？」

再次認真的想想，薇華皺起眉心用力搖頭：「不好！不好！」

他淡笑：「總要擇其一吧！」

「我……我兩者都要。」

人啊！何其貪心？

三毒——貪、嗔、痴，傷人至深啊！

「無明煩惱罩身心，如影隨形常相伴；若把富貴換情意，兩相權衡兩難捨。」

因果不亡

李桂花長得高頭大馬，個性急躁，說起話來，中氣十足，快人快語。

每次來這裡上課，總是神清氣爽，她還跟同學們辯論過，所謂「**因與果**」。

結果是——當然沒有結果。

因為她對「因果論」仍存有懷疑。

接著，李桂花消失了一陣子，在眾人揣測下，她忽然又現身了。

但卻形容枯槁，消瘦得不成人形。

往昔的神清氣爽、中氣十足樣貌，完全蕩然不復存。

「妳怎麼了？生病？或是……發生什麼事？」有人問她。

李桂花聽而不聞，筆直走到智者面前。

智者仔細觀察李桂花……。眾人則莫名其妙的屏息靜氣，這場面，太詭異了！

不知過了多久，很久吧！時間似乎停頓住了……。

「請問，這世上，真的有因果嗎？」裂開乾癟的嘴唇，桂花有氣無力的問。

「嗯！」智者用力一頷首：「記得我曾說過一則『**不落因果、不昧因果**』

的禪宗典故？」

「可是，我還是不懂。」

「妳先坐下來。」

李桂花像個失魂的木頭人，依言坐下。眾人耳朵豎得高高的。

「因果，看似簡單，其實很複雜。」智者徐徐開口。

趁這機會，他向眾人上了一課……。

「**因果不亡，謂之曰有。**」

所謂因果，是相輔相成，因為有「因」，才會產生「果」。

無因不成果。但是，因果之中，卻很複雜。例如：一因一果；多因多果；一因多果；多因一果……等等。

舉個粗例說，一樣出生為狗，可是，狗的際遇卻大不同。像流浪狗、寵物狗……等等。

再深入研討，內容更是多元，像流浪狗的待遇，不盡全不好；寵物狗的日子，也不全是好過，這關係到狗主人的個性、心態。

還有，原本是寵物狗，被棄養而成流浪狗，際遇就很糟糕，因為它已無法適應流浪的日子。

所以，就這麼單純的狗事件，可以延伸出其他各種因緣。

眾人聽得點頭不迭，畢竟，養狗這例子，既平實又簡單易懂，眾人大都可以理解。

桂花聽了，卻沒領悟出什麼，她依然沉浸在自己的心事中，只見她悲戚面容，更是黯淡愁苦。

智者看出她仍無法領會，便吩咐桂花，改天找個時間再來。因為，智者明白，她隱密的心事，不足為外人道。

果然，聽到智者交待的話，桂花臉色乍然現出一絲光明，但只一閃而沒。智者看得出來，桂花的問題，相當棘手，因此，在桂花再來之前，他特別用了心思，靜坐、觀照、冥想……。

再次拜訪智者，李桂花忍不住，拜倒在地，痛哭失聲……。

智者讓她盡情發洩心情後，才倒杯水，讓她平復情緒。

接著，李桂花娓娓說出她沉重又不足為外人道的心事……。

桂花的父親，很早就沒了，早婚的母親才四十多歲，看來依舊美麗、風姿綽約。

桂花是獨女，為了便於照顧母親，桂花要母親搬來家裡同住。

前陣子，母親說想把目前出租中的房產留給桂花和她先生，桂花不以為意，也沒放在心裡。

有一天，桂花出外辦事，原說好晚上才能回來。哪知事情辦得很順利，提早在下午三點多就辦好。

回家時，桂花聽到母親房內有聲音，她相當訝異。因為通常這時候，她母親都不會在家裡。

當桂花舉手，想敲房門時，乍然聽到一串男女親暱、狎笑的聲浪……。再仔細傾聽，桂花宛如摔入水裡，渾身冰冷！

她渾噩的悄然退出來，在街上遊蕩到夜幕深垂，才魂不附體的摔進家門。母親和先生焦急的同聲關懷，桂花完全無法領情，她只冷然問先生：「你，幾點下班？」

「一樣啊！我七點回到家，以為妳已經煮好晚餐在等我了。」

「媽！妳幾點回來？」

「我……。」母親頓頓，再審視一眼桂花，反問：「怎麼了？」

深深吸口長氣，桂花低聲道：「沒什麼，我……不舒服，需要休息。」

個性急躁的桂花，這會兒完全變了個人，只因為她沒有勇氣！

但是，擱在心裡，無法明說、明問的事件，卻讓桂花無法過以前的安穩日子，就像有一闋詞，這樣說的：「**休相問，怕相問，相問還添恨……。**」

先生依然還是上、下班，我行我素的去工作；她母親也依然每天打扮得漂漂亮亮，似乎一切都跟平常一樣。

桂花覺得整個家，變得很奇怪，她每天都籠罩在低氣壓中。其實，這只是桂花自己的感覺，她和先生的感情，也日漸疏遠……。

忍了一段日子，桂花簡直就快崩潰了，她不知道該怎麼做，她再也無法承受……。

聽完，智者輕輕頷首：「記得，我曾經向大家提過因果的事。這事件，乃有關前世，妳和家人、先生的因果。」

「呀！」桂花驚詫的瞪大眼。

「前世的因，和今世的果，產生了現在複雜的狀況。」

「請問，我該怎麼做？」

「該怎麼做，得問妳自己，不是問我。」

「不！我的意思是，有圓滿的解決方法嗎？」

「沒有！」

智者乾脆又俐落的回答，讓桂花錯愕……。過了許久……，桂花低喃道：

「那……該怎辦？難道……我只能去死？」

「這是下下策！」

「還有上上策嗎？」

「沒有！」

桂花哭著跪下去，請智者開示。

「起來吧！如果，妳明白因果，也相信因果，事情就好辦了！」

桂花睜大眼，思索了一會兒，猛點頭，同時擦掉淚。

「妳想，不是每個家庭、每個人都會發生這種事，為什麼只有妳？」

桂花猛點頭，舊淚未乾，新淚又湧出來。

「所以妳必得審慎處理，否則再延續到下輩子，應該不是妳所願意的吧？」

桂花猛擦淚，同時猛點頭。

「嗯！我只能給妳意見，怎麼做，還得看妳自己。」

桂花神情專注的傾聽，只聽智者又開口：「一個方案：一切照前一樣，日子繼續過下去。另一個方案：大家攤牌，說清楚、講明白。」

智者接著說：「第一個方案，妳得自己承受煎熬。妳想想，過去一世妳搶人家的丈夫，妳這輩子當然也要承受對方當時所受的痛苦。正是所謂：一報還一報。第二個方案，結果就是變成家破人散，妳和妳母親、先生的緣分，到此為止。

可是如果妳欠的尚未還清，說不定以後，你三人再次相遇時，仍會糾纏不清。」

聽完，桂花猶豫不決了……無論什麼結果，對她而言都是痛苦而不堪的呀！

接著，智者又說了個故事，關於蓮花色比丘尼尚未出家前的種種不堪的際遇，可是，最終，她還是勇敢的活下來，還皈依在佛陀座下修行。

（註：關於蓮花色比丘尼的故事，請參見佛經。）

桂花聽得悚然動容，心口久久無法平復。

智者又說道：「六度般若蜜法門，『忍辱』是最難承受，人世間，有多少不能忍、無法忍、不堪忍的奇恥大辱。」

所以，大方廣圓覺經說得好：「一**切眾生，從無始來，種種顛倒，猶如迷人。妄認四大為自身相，六塵緣影為自心相，譬彼病目，見空中華及第二月，善男子，空實無花，病者妄執……，由此妄有輪轉生死，故名無明……。**」

桂花聽得忘神了，從來沒聽過這麼深廣的經文。

只聽智者接著說：「一旦透澈：『**空實無花，病者妄執。**』。那，這世間上，還有什麼奇恥大辱？還有什麼不能忍的事？」

桂花向佛前，深深頂禮一拜，跪伏在地上，久久之後，再起身向智者致謝。

智者看到她眼神平靜中，透著幾許堅定，他知道，她已經知道、並決定該怎麼做了！

愛欲誤人

林思文也是學員之一，畢業於世新傳播系，因為成績優異，教授介紹他到廣播公司上班。公司裡，有一位女同事，對林思文印象不錯，兩人逐漸走近，開始交往。

依林思文的想法，大概結婚的對象，就是她——王淑莉了。

思文對淑莉非常好，可以說是有求必應，而淑莉對思文，也是想當然耳的好。只是交往日深後，她常會向思文抱怨：「什麼家裡的貸款沒著落；什麼弟弟的學費；父母親的醫藥費啦……等等一大堆。」

既然已認定是將來的對象，幫忙總是應該的嘛！所以思文所累積的錢財，就這樣一點一滴的流向淑莉。

等思文錢財耗盡了，淑莉仍常開口要錢，甚至叫思文向銀行貸款，貸款用罄後不久，淑莉開始疏遠思文！

起先，思文不覺有異，在一個週末，思文想邀淑莉到淡水走走，淑莉說她沒空，要陪母親去醫院，思文立刻改口，想陪她母女倆去醫院。

淑莉斷然回絕，而且態度冷淡，思文只好獨自騎著摩托車，悶悶的四處遊蕩。

思文經過士林，車停在紅綠燈街口，無意間扭頭一看，一道熟悉的側影，牢牢吸引住思文眼光，他再一細看，赫！沒錯，竟然是淑莉！

淑莉坐在一輛深藍歐寶車上，旁邊開車的，是一位年過半百的老頭子。怎麼可能？怎麼可能呀？思文心底狂震不已，等綠燈亮起，思文呆愣了幾秒，才想起追上去……。

為了追深藍歐寶車子，思文數度差點出車禍。追到後來，深藍歐寶車子，消失在北投的溫泉飯店！

思文不斷的打淑莉手機，始終是語音信箱，心痛的熬過週日。週一上班，見了面，思文雙眼佈滿紅絲的想問淑莉，淑莉卻不給機會。

等待是煎熬、是期望、是毒藥。

思文讓煎熬與毒藥，啃噬的片刻難安。一天清晨，他守在淑莉家門口，卻見深藍歐寶車來接她上班。

淑莉美妙眼眸一回轉，應該有看到思文憔悴的身影。但，她完全當沒看到，嬌笑的打開車門，逕自坐上車。

之後，深藍歐寶車，天天準時送淑莉上、下班。思文更沒機會問她，只好在上班的午休時間，攔住又想逃閃的淑莉。

「以前，我早說過，我家開支相當可觀。」淑莉冷著一張宜瞋、宜喜、宜怒的小臉，話語如冰：「你現在負債，能養得起我和我家嗎？」

「妳……哪有人這樣花錢呀？」

「我就是這樣！不行嗎？」淑莉美眸一瞪：「以後，請你不要再糾纏我，拜託！」

「這……一年多的感情，妳都不珍惜？」

「麵包與愛情，我當然選擇麵包！」

她擺明了一切，思文為之語塞！

心受到了巨創，思文痛定思痛，卻還是無法忘記這一段刻骨銘心的感情！他不知道該怎麼辦？縱使時間流逝，但午夜夢迴，痛得反而更痛！

智者看著憔悴的不成人樣的林思文，不禁在心裡，輕嘆了一聲。

林思文眼眶紅了，這是他壓抑了許久，才冒出來的眼淚，之前，他都偷偷躲著哭。

「選擇一條適合的路吧！你這樣下去，不但浪費時間，恐怕也會傷害到你雙親。」

「我……不行，我沒辦法，我不知道該怎麼辦，我爸媽，早就受到我的傷害了，我真是個不孝子！」

「嗯！知道自己是不孝子，這表示你還有救！」

「求您告訴我，我到底該怎麼辦？」

「把工作辭掉！」

「這……。」

「怎麼？捨不得？」

「我……。」

「捨不得高薪？還是捨不得她？」

思文的眼淚，再也掛不住，掉了下來……。

「男兒有淚不輕彈，只是未到傷心時。」

智者沉聲，卻又清晰的說：「法融禪師說過：『**色聲為無生之鴆毒，受想是至人之坑阱。**』」

你每天上、下班，看到她，更添心中的難受，怎可能平復？想到她投入別人懷中，你的感受更熾烈。而且她又不可能跟你複合，除非……。』

思文睜大眼，眼中充滿希冀光芒。

「除非你有一大筆錢！」

像鬥敗的公雞般，思文垂下頭，輕輕一點：「沒錯！她曾說過……。」

「這樣你還不清楚？她要的，只是錢，她從沒愛過你！」

思文彷彿被電擊般，渾身大震。他就像泗溺在「愛」海中，即將滅頂時，突然間，抓住一根浮木般的澈悟！

回去後，思文立刻辭掉工作，重新調整自己的生活。

不久，高雄捷運站要舉行徵人考試，他拾起書本，沒日沒夜的拼。感情的事，他看不開；但讀書，他可是在行，放榜後，他居然考上了！

過了一年多，思文趁休假回台北，跟著他父母，一同來謁見智者，奉上供養三寶，並深深向智者致謝。

尤其是思文的父母，直說智者對思文，簡直是恩同再造，因為當初，無論兩老怎麼說，都無法勸醒兒子。

看到意氣風發的林思文，智者嘉許的點點頭：「不要謝我，應該謝你自己，是你自己的理智，救了你！」

智者接著補充道：「在人生道上，你克服了一次大磨難，以後，希望你能更上層樓。」

林思文聽了，向佛前深深一禮，這一禮，完全出自他內心虔誠的一拜。

姐妹情

謝玉領著女兒翁昭儀來見智者時，翁昭儀幾乎是神智不清，她揑著一張照片，一會兒哭、一會兒笑、一會兒喃喃自語、一會兒又大聲呵叱……。

謝玉則是一副傷心至極又乏累的模樣，見了智者，連忙跪下去：「拜託您，請您救救我女兒！」

「怎回事？」智者忙請謝玉起身：「坐下來，慢慢說吧！」

「您一定要救我女兒，我已經失去……。」說著，謝玉聲淚俱下，痛哭不已……。

翁昭儀突如其來的厲聲大吼：「不要哭！我說過不要哭，妳沒聽到嗎？我會賠妳！」

此話如針，刺得謝玉心痛如絞，只見她更加傷痛不已……。

智者轉向翁昭儀，慈聲說：「妳可以坐下來嗎？」

翁昭儀聞言，眨眨眼，又是皺眉、又是掀唇地……。智者聲音放得更柔，又問兩次，她好像這會兒才聽清楚，轉眼看智者一眼，立刻又移開，點點頭。

謝玉顯得很驚訝，拉住女兒，坐到她身旁。

「奇怪！她竟然願意聽您的話！」謝玉擦著眼角：「在家中，她一刻都不肯靜下來。」

「她這樣的情況，有多久了？」

「很久了……自從……。」說著，謝玉拉昭儀手腕，只見她手腕上，有一、二十道割痕。

原來，昭儀自殺意願相當強烈，家人一不注意，她就拿刀割自己，或去撞牆壁，或激烈的傷害自己。

「為什麼想自殺呢？」說著，智者轉望昭儀，看到她眼神茫然、渙散。

「唉……。」謝玉長長的嘆一聲，說出前陣子，家中慘痛的事……。

謝玉育有兩女一男，次女翁昭麗生下來時，就是天生的智能不足，加上腦神經受損，導致手腳過動。

小時候，謝玉帶孩子們出門，謝玉會叫昭儀照顧妹妹。剛開始，昭儀會聽話，可是，昭儀發現，當妹妹出聲說話、加上手勢、動作時，周遭的人，都會用很奇怪的眼光盯視著她們，這讓昭儀很不能忍受。

出外時昭儀總是跟妹妹保持一段距離，偏偏昭麗喜歡說話、比手畫腳，更喜歡跟著姐姐一起。

因此，昭儀都躲得遠遠的，不肯跟昭麗一起走。

謝玉跟兩姐妹上街時，昭麗很喜歡呼喚昭儀，不斷的呼叫：「姐姐。」昭儀常常露出很不耐煩的眼神，她恨不得能跟妹妹切割。

隨著年齡愈大，這情況愈嚴重，因此讓昭儀飽受譏笑與嘲諷：「什麼！這是妳妹？跟妳差太多了吧？妳妹怎麼……？哈哈！妳有個怪胎妹妹……。」有的朋友、同學表面不說什麼，只是和昭儀漸行漸遠，不想跟她做朋友。

私底下，昭儀向謝玉抱怨過幾次，說為什麼要生下妹妹？如果沒有妹妹的存在，她的日子是彩色的，現在因為有妹妹，她的人生都變成了灰色。

高中時，有一位男同學想追昭儀，昭儀對他也很有好感，想接受他的感情。昭儀和男同學漸行漸近。

一個週末下午，男同學沒事先聯絡，突然造訪昭儀的家，恰巧，謝玉和先生、兒子出門去，昭儀在廁所。

當門鈴響起時，昭麗跑去開門，男同學和昭麗雙方都被彼此嚇了一大跳，愣住了……。

男同學完全沒給昭儀辯解的機會，這段生澀的感情，就這樣無疾而終。

昭儀為了這件事，整整一個多月不跟家人說話。

畢業後，昭儀去上班，交了個男朋友，但昭麗的事，始終是她最擔心的問題。

果然，過了一段時日，兩人分手了。

在昭儀詢問下，想不到，男友竟然無情的告訴昭儀：「因為妳家有個不正常的妹妹，所以，我很抱歉……。」

昭儀不解的問他為什麼，他說：「萬一，將來我們結婚了，生出不正常的小孩，那怎辦？」

為了此事，昭儀整整傷心了好幾個月，謝玉想安慰她，她都聽不進去。昭麗不斷敲她房門，想安慰她，可是，昭儀在房裡，大聲吼：「走開！都是妳，都是妳害的，我討厭妳，妳為什麼不去死？」

那一天，就是那一天……。

昭儀下班後，搭公車的回家路上，由窗口往外看，赫然看到昭麗，提著東西，一路走、一路搖頭晃腦，好像很高興的樣子。

昭儀冷冷的撇著嘴角，轉頭去，不想看昭麗。

昭儀回到家，還不到七點，可是到了晚上八點多，還不見昭麗回家。

謝玉著急的要昭儀出去找昭麗，昭儀不肯，說起方才還在半路上看到她。

「那就不對了，走了一個鐘頭，還沒到家？」

說著，謝玉皺起眉頭，昭儀一聲不響，逕自回房。

就在這時，門鈴急遽響起，是鄰居許太太，她帶來惡耗——昭麗在前面十字路口，發生車禍，頭部流了很多血，被緊急送去醫院。

謝玉渾身顫抖，換上外出服，旋風般衝出去。

原來，今天是昭儀生日，昭麗為了討好姐姐，堅持親自去拿蛋糕。

其實，還不到醫院，在半路上，昭麗就斷氣了！

心痛加上不捨，謝玉把傷心和怨氣，一股腦全向昭儀發洩出來……。

照說，昭麗走了，沒有了負擔，昭儀心裡應該會舒坦許多。但這段時間，昭儀整個人都空茫了。

她這才發現，原來，妹妹淒美而殘缺的負擔，也是一種幸福。

可惜，一切都太慢了，慢得昭儀都來不及伸手，撈住妹妹，妹妹就這樣走了！

謝玉只顧自己心口上的傷，卻忽略了昭儀，等謝玉警覺到時，昭儀已呈現半癡呆狀，還割腕、撞牆、上吊……，天天以各式各樣的自殺方式，鬧得家裡雞犬不寧。或許，她想用死來贖罪吧？

已經失去了一個女兒，謝玉怎堪再讓昭儀死？可是，她卻無法勸醒昭儀，而且昭儀愈來愈嚴重，目前早已神智不清。謝玉帶她看遍中、西醫，拿了許多藥，昭儀都不肯吃，總之，她就是一心求死。

聽完，智者嘆了口氣，是怎樣糾結的親情呀？

「先這樣吧！」智者看著謝玉：「妳每天誦早、晚課，也叫妳女兒跟著拜。平常呢！讓妳女兒跟著妳靜坐。」

謝玉點著頭：「要不要注意其他什麼事？」

「不必！不過，一定要注意，睡眠要充足，三餐要正常。早睡早起。一個禮拜後，再帶妳女兒來。」

「是！」

一個禮拜後，謝玉再帶昭儀來時，她的精神已經穩定些了。

二個禮拜後，昭儀已經能認人了，可是，還是待在她自己的天地中，喃喃自語。

三個禮拜後，昭儀沒有進步，她神志時而清楚、時而空茫。

智者跟她說話時，試著提到昭麗，她果然就有反應，但卻恢復到以前，老想排斥她妹妹的那時候。

「妳知道嗎？妹妹被送到鄉下去了！」謝玉經過智者的指導，這樣向昭儀說。

「啊？真的？那很好。」昭儀面無表情的。

「以後，妹妹不會煩妳了，高興嗎？」

昭儀點點頭，還是面無表情。雖然如此，謝玉已經很高興了，至少，女兒進步很多。

「妳要知道，她要是完全恢復了，只怕還是會承受不住這個打擊。所以，妳要慢慢地開導她，妳可能要熬一大段時日，妳有耐心嗎？」

「有！」謝玉悲切的說：「為了女兒，我一定會努力。」

智者點頭，送走謝玉母女，心中嘆了一聲！

他知道，謝玉必需要經過一段難熬的日子，昭儀能不能康復，這，唯有看她們之間，深濃的情感糾纏了！

而這，任誰都無法代替的了！

追悔莫及

蕭本全找到學佛之路後，一直很用功，學了一段時間，他還帶妻子李如梅來聽課。

只是……，智者看的出來，李如梅身在聽課，心卻不在此。有幾次，蕭本全夫婦來聽課時，臉色很不自然，好像……剛爭吵過的樣子。雖然，他夫婦倆表面都沉寂不語，可是由一些蛛絲馬跡看得出來，他倆有問題。

接著，有一陣子，蕭本全夫婦消失了，沒來聽課。

兩年後的一個午後，一位消瘦的女士，來訪智者，看她行步不穩，好像隨時會倒下來，智者忙請她落座，倒杯熱水給她。

喝了水，女士憔悴的神情，略為緩解。

「您……認不出我嗎？」

智者細看她：只見她臉頰凹陷、雙眼無光、說話有氣無力……，他實在想不起她是誰？

「我是李如梅！」

智者攏聚起雙眉，想……還是沒印象。

「蕭本全，您認識嗎？」李如梅聲音更低。

「呀！蕭本全嗎？對了！妳是他的妻子！」

李如梅用力點頭。

「蕭本全忙些什麼？怎麼都沒來上課？」

李如梅倏地渾身顫抖，同時，猛瀉下兩行淚……。

智者見狀，沒再問下去，就等李如梅回話。過了許久、許久……，李如梅逐漸收淚、定心，才說道：「我……害死了本全。我……。」說著，李如梅又淚下如雨……。

蕭本全和李如梅育有一子一女，蕭本全每月辛苦所賺的錢，除了養家，竟無所餘。

照說，以此小康之家只要勤儉度日，應該是過得去。只是，李如梅的同學、朋友，往往喜歡炫耀、比較，總是比輸人的李如梅，回家常常要向丈夫抱怨，嫌他賺的錢太少，讓她在眾好友面前，抬不起頭。

蕭本全喜歡研究佛學，他寄望妻子也能跟他一樣學佛、淡泊名利，日子過得去就好，何必跟人比較呢？

因此，蕭本全有心拉李如梅來聽經、上課，可惜，李如梅完全無法接納蕭本全的好意，她反而漫罵不已，說蕭本全何必浪費時間來上課？不如另找兼差，多賺些錢才是正事，兩夫妻時常鬧意見。

蕭本全也憐惜妻子嫁給他，卻無法得到物質上更好的享受，因此，最後他屈服了。

蕭本全沒有繼續來上課，他每日白天上班，晚上開計程車，希望能多賺些錢，讓如梅日子好過一點。

有一天，蕭本全準備休息，把車子開回家的路上，遇有人攔車，這位客人有急事，想搭遠程，由台北到中壢。

蕭本全完全沒有考慮，馬上答應。

午夜的高速路上，車子不多，蕭本全踩足油門，飛奔在南下的高速公路上。他太疲累了，不小心打個盹，車子就出意外。車上兩人跟車子，撞得不成形……。

客人的家屬，告上法院，法院鑑定後，判蕭本全的家人要賠償。

儘管李如梅再三拜託、陳情，無奈，該賠的還是要賠。

說到這裡，李如梅捶著胸口，號哭道：「早知道會這樣，我絕不會叫他去賺錢……，我後悔莫及，好幾次，我想自殺，去找他……。」

這真的是人生無常啊！

「既然事情已經發生了，妳去自殺、後悔都沒有用。」智者冷厲的語氣如冰。

「他走了，我才發現，原來，他對我這麼好，這麼照顧家，是我逼死他的呀！」

「妳要這麼想，就是把自己逼入絕地。」

「不然，我該怎麼辦？我真的悔死、愧死、恨死……。」

「妳死了，孩子怎辦？」

真是一語點醒夢中人，李如梅頓然無言，雙眼眨閃、眨閃……。

「就算妳悔死、愧死、恨死，我想，這應該不是蕭本全願意見到的吧！」

一提到丈夫名字，如梅又淚眼模糊了。

智者一再勸慰、分析給如梅聽，如梅只是擦拭著眼眶，也不知道她到底聽進去了多少？是否能接受智者的勸導？

最後，如梅垂頭喪氣的辭別了智者。

另一個午後，如梅又出現了，也更落魄了。

她告訴智者，她自殺了三、四次，卻都沒成功。

「妳以為自殺死了，一切就會改變嗎？」

「我……我連孩子都要帶走。」

「呃！由此看來，妳愛慕虛榮、貪圖富貴、不負責任、逃避現實！最不應該的，是剝奪孩子的生存權。」

如梅止住淚泉，愕然的瞪大眼，低喃道：「我……我有這麼壞嗎？」

「妳不妨自己想想！」

智者的話，似當頭棒喝，打得如梅頓然清醒。從來沒人跟她這樣說過。

「妳以前過得太優渥，沒受過任何挫敗，像妳這樣的人，一旦受到重挫，很難站得起來。」

如梅思緒跌入往昔……。

以前在家當大小姐，她從沒吃過苦，也不曾會替人設想，似乎，只一味接受，不懂付出。

嫁給蕭本全後，他對她也是只有縱容、寬待……。

「今天會這樣，當然是妳自己該受的果報。」智者眼光清澈而犀利：「如果妳死了，將來還是要承受果報。直到妳償還。如果連同孩子也帶走，那就是殺人罪，妳勢必得再加上孩子的因緣果報，妳依然得承受。」

如梅悚然動容，不敢吭聲。

「佛經早告訴我們：『**萬般帶不去，唯有業隨身。**』人，為什麼有別於其他動物，因為，人有靈性、有思考力、懂得負責。」

如梅輕輕點頭，這些話，從沒聽過，也不懂這些道理。

「若妳及早懂得珍惜，也許蕭本全不至於出意外。但事情已發生了，妳該思考的，不是悲戚、哀傷，我已經說過，這沒有用。」

如梅雙眸望住智者，期望他能再多指點她。

「把孩子栽培長大，這是妳首要任務，再辛苦也得走下去。其次，把妳自己的生活調適好。我相信，妳能做到這樣，蕭本全在天之靈，一定很安慰。娶個負責的好太太，畢竟不容易，妳說是不是？」

如梅強忍住眼眶中的淚水，智者一番話，真是讓猶如久沉溺在夢中闇海的她，頓然醒悟，但前程可卻是艱辛萬分呀！

望著如梅背影，智者低低喃念道：「**看嘍幻夢了無常，勘破塵境新安然；突破有無到相應，心悟實相妙圓覺。**」

他寄望有朝一日，如梅能夠走出來，能達到悟道境界，畢竟，人生的因緣，複雜而坎坷，但若能由艱難中，體悟到「**真道**」，就不枉此生走一遭了！

煩惱

令身心不安者，皆謂之曰煩惱。

事實上，每個人的煩惱，不盡相同。

例如：某甲認為是絕好的事，或許，對某乙卻是造成他煩惱的主因。

王太太有三個兒女，每天從早忙到晚，除了張羅全家人三餐外，還忙著打掃、整理、洗滌……，此外，還得伺候先生。

忙到後來，她不停的抱怨、碎碎念，只想要脫離這種一成不變的生活。

一天，鄰居林太太邀她出遊、散心，王太太高興得滿口答應。

她們是跟旅行社的一日團出遊。同車中，有一位周小姐，年紀跟王太太、林太太差不多，但是，她是單身，所以大家都稱她周小姐。

大夥兒熟悉了後，周小姐用羨慕的口吻，向王太太說：「哇！妳每天都要準備三餐？整理家事？」

「可不是，我忙壞了，也忙煩了！」

「怎麼會呢？那一定很有趣。」

王太太和林太太雙雙瞪大眼，一副不可置信狀。

周小姐幽幽的嘆了口氣：「像我，年紀一大把了，想煮頓飯，卻只有我自己吃，就算是山珍海味，也沒胃口。」

「那，妳家人呢？」

「我父母都不在，兄弟姐妹各有他們的家庭生活，和他們相聚，頂多是吃頓飯，我真羨慕妳們，可以為家人忙！」

王太太和林太太互看一眼，真的不知道該說什麼。

旅遊回來後，王太太依然每天忙碌，依然不停的抱怨、碎碎念……。

有一天，先生加班，孩子們也都不在，王太太抽空為自己泡了杯咖啡，一面啜飲，一面望著空洞而寂靜的客廳……，她忽然憶起旅遊中，遇到的周小姐的話……，心中不覺浮起一連串的問題：「她一定也是這樣，天天面對滿屋的空寂吧？那可怎辦？我想過她的生活，她卻希望過我的生活？總不能……把我跟她兩個人……對調過來呀！」

心中一起疑，王太太就片刻不得安寧了，於是，找一天下午，她跑去見智者。

聽完王太太的敘述，智者不覺莞爾一笑：「有一句話，妳聽過沒？『自尋煩惱』。這是人的通病，往往忽略了身邊的事物，卻嚮往得不到的東西！」

「那怎麼辦？」

「想想看，如果有一天，妳家人都不在了，不需要妳替他們打點一切，妳是否就像那位周小姐這樣？」

王太太墮入深思……輕輕頷首。

「妳願意這樣嗎？失去家人，換取妳認為是愜意的生活？」

王太太迅速搖著頭。

「所以，妳不要自尋煩惱。能為家人付出，未嘗不是一種幸福，而這份幸福，卻是周小姐得不到的。妳應該珍惜眼前所擁有的。」

想了想，王太太低聲問：

「那……周小姐她該怎辦？」

「想要家庭，她也可以結婚，當初是她選擇單身，所以說，各人做事各人當。妳替她擔心，毫無意義。」

「說的是！」王太太笑道：「我就在想，如果她的角色，和我對調，不就皆大歡喜了？」

「怎麼可能呢？」智者啞然失笑，隨即又正色說：「角色不能對換，不如，妳就換個心情吧！」

「換個心情……？」王太太一臉錯愕。

「嗯！」智者淡笑的拈了一偈：「**山不轉人轉，人不轉心轉；心不轉性轉，放下即性轉。**」

王太太如獲至寶般，歡歡喜喜的抄下這句偈，回去回味。

忿恨

她戴著金框老花眼鏡，頂著一頭染成淺棕色的捲髮，不知道為什麼，略顯長方形的臉上五官，全都皺成一堆。

當她看人時，往往要用力睜大眼睛，才能看得清楚。

只是她的身上，仍能聞到淡淡的香味，可見她也很想讓自己乾乾淨淨、漂漂亮亮，只是……。

其實，她以前不是這個模樣的呀！

她有兩個兒子、兩個兒媳婦，以前原本是個慈祥的媽媽，自從娶了媳婦之後，性情變得很不穩定，有時高興、有時凶戾，兒子們建議她去學佛，所以，她就常跑寺廟。

這一轉換，她果然有點變了，變成像以前那麼慈祥。

有時候回來，還會向兒子誇耀她所學的。不過，兒子們太忙了，要照顧各自的兒女、妻子，跟她說話、談天的時間不多。

隨著時日久了後，她發現一切跟以前一樣，因此，逐漸地，她又恢復了凶戾的個性，而且，愈變愈嚴重，尤其是對她的媳婦，更是凶戾！

或許，就是這時，她五官才開始轉變，後來，好像她去整容吧！是否因整容失敗才變成現在這副模樣？還是因心情的關係？

這是個謎，永遠沒人知道的謎。

有一位學員告訴智者，說她的一位鄰居很奇怪，學佛很精進，為人也很慈悲，可是一回到家，立刻變了個人，變得既凶戾又暴躁。

她的媳婦都受不了，媳婦偷偷向她說：「為什麼，我婆婆跟您一樣學佛，卻相差這麼大？請問您，是否有辦法，也讓我婆婆跟您去學佛，不然，我們都快受不了了。拜託！」

不只媳婦，連她的兒子也這樣跟她拜託，不然，好像媽媽跟家中每個人都有仇似的，天天都鬧得雞犬不寧。

智者聽了，點頭答應，要學員帶她來。

看到智者，她先是一愣，繼而淡淡的點個頭，算是打招呼。

「請坐。」智者不動聲色的請她坐，奉上茶。

學員坐在一旁，顯得有點赧然——因為她的不敬態度。

「請問您學佛多久了？」

她雙眼一轉閃：「有十年左右了。」

智者頷首：「嗯！蠻久了。」

她似乎是高興吧？臉上現出得意之色。

「既然學了這麼久，請問您都學些什麼？學了哪部經典？」

她的臉驀地一變，輕輕一咳，語帶結巴地：「我……。」

「沒關係，慢慢說。」

支吾一會兒，她才低聲說：「我……我都到寺廟去，學誦經、唱念。」

「嗯！除了唱念，應該也有去聽講經、上課吧？」

她又是一陣支吾，卻說不出話。因為，聽課、研究經典，她可是一點興趣都沒有。

「這個不重要。請問妳，皈依三寶了？」

「有啊！剛開始學佛，我就皈依三寶，過了一年多，就去受菩薩戒。」

「哦！原來您還是位大菩薩。」

「哪裡……哪裡。」她雙頰一紅。難得地，她臉現赧然。

「請問皈依三寶，是哪三寶？皈依了後，又該怎麼做？」

「喝！這個你也不知道？就是皈依佛、皈依法、皈依僧。皈依了，以後見到佛像，當然就是要頂禮、禮拜。」

智者接口說：「那麼，如果妳把妳的媳婦、兒子當作佛菩薩呢？」

「不可能！那怎麼可能！」

「妳不知道嗎？『**水懺**』上說：**若見怨異於親，即是分別。**我們學佛，尊重佛菩薩，更要尊重任何人，尤其是遇到怨家仇人，妳能忍、能原諒仇人，就是六度裡的『忍波羅密』。」

「不！我不行！」她立刻變了臉，臉上五官更是皺成一堆，已經無法分出五官。

呃！剛才還說她學佛學了十年，受過菩薩戒，是大菩薩呢！

由此可見，心中有「**恨**」，是一件可怖且可悲的事。

找回自己

壁鐘傳來十二響，儀知道他今夜又夜歸了！

她的心，無端痛楚、無端頹喪……，這種感覺，讓她活得非常難過。

當初，兩人結婚不也是甜甜蜜蜜、恩恩愛愛的步入禮堂？

淚！無聲的由儀眼眶流淌下來，她緊咬住被角，否則，她怕自己會放聲哭出來……。

這陣子，儀幾乎天天失眠，腦中，走馬燈般，出現他一幕又一幕的嘴臉。

「妳為什麼不去工作？為什麼妳每次工作，不到三天，就不幹了？妳該做點什麼事吧？現在的家庭都是雙薪！」

他其實也知道儀有甲狀腺亢進的毛病，不能太累、不能太生氣、不能……，但……。

有一天，儀終於明白問題癥結！

在一個夏日午後，睡醒來，儀打開電腦，不經意的瀏覽到他的部落格，赫然發現梅的存在，已經不止一年。

看著兩人的對話，讓儀手抖、身顫、淚崩。

他回來，儀維持禮貌般客氣的問他。

他輕描淡寫地……不！應該說是「不屑」更恰當吧！

「那是同事，同事間吃飯、喝茶、閒聊，偶爾唱個歌，很正常呀！」

儀倒抽一口氣，丟給他一句：「同事間，會說出私密事嗎？」

「什麼私密事？」他還瞪大眼，反問。

猶豫了一下，儀不得不說出口：「例如：XXX、XXXX。」

他馬上變臉：「妳偷看我的電腦？妳、妳……媽的……。」

罵了一串髒話後，他忿然甩上門，衝出家門……。

儀不敢讓家人知道，當初，媽媽就反對這樁婚事，現在呢？果然，媽媽有先見之明，可惜，一切都太晚了！

儀瘦得不成人形，看醫生、吃藥，總無助於病情，畢竟是自己媽媽，覺察出女兒有些不對勁。

媽媽既不問、也不說破，只是常邀儀吃飯、逛街。儀都是一副病懨懨、懶洋洋，眉宇間鎖不住濃濃的深愁。

後來，媽媽不經意的說，她想禮佛、拜拜，儀就陪她來見智者。

智者慈悲、祥和的語言，讓儀彷彿看到光明，尤其當智者說出，人生無常、苦空的法要時，儀頓有泫然欲泣之感。

不過，家中的冷戰，卻依然持續，而且愈演愈烈。儀曾不著邊際的問智者，該如何維持一個好家庭？

智者看了看儀，輕輕說道：「極力忍耐，幫忙家庭生計。」

於是，儀一方面調養身子，一方面極力找工作。只是，問題又來了！

他冷著臉，問儀：「妳現在月薪多少？我準備買間更大的房子，妳可以幫忙多少？妳對這個家，有什麼貢獻？」

儀極力忍耐，保持沉默，並且拿出一、二千元貼補家中費用，誰知，他的臉更凶戾了。

「我看，這樣吧！妳每個月就拿八千塊回來！」

儀問他：「為什麼？」

「我算過了，妳賺的比我多。房子是我的名字，我在繳貸款，水電也是我在繳，妳拿一點出來貼補家用，不為過吧？」

那麼，他嫌儀拿的一、二千元太少了！

男人養家本是天經地義的事，要女人幫忙家計，也可以，但是，他不該是這個態度呀！

儀要的，是兩人互相照顧，互相體貼，他不但從不關心她的病情，還想要她把錢都拿出來家用，更氣人的是，他跟梅之間，竟還藕斷絲連……。

其實，儀也很想幫忙這個家，但他的種種作為，卻讓儀情何以堪？

接著，他甚至不止一次向儀說：「既然不肯幫忙家計，妳的心也不在這個家，我看，妳乾脆回妳娘家算了！」

於是，儀決定搬回娘家去。

到此地步，儀才把自己的狀況，向媽媽全盤托出。

媽媽聽了萬分不捨，也不忍心再責備儀。

儀向智者全盤托出婚姻已經亮起紅燈。

「我不知道該怎麼辦？我是極力的忍耐，也想幫忙家計，可是，他的態度，讓我心寒呀！」儀強忍住眼眶淚水說道。

「妳回娘家，妳先生一定有找過妳吧？」智者眼神清澈地看著儀。

儀垂下眼瞼，點點頭。

「可見妳先生對妳還是有感情。」

「可是……。」儀接著說出他不斷打電話給儀，儀才回去。想不到，他故態復萌，而且因為儀不肯拿錢出來，他更變本加厲的趕儀回娘家去。

儀這才發現，他為了眼前利益會立刻變臉，跟著這樣的人，將來會幸福嗎？

有一次，儀無意中看到他手機裡的簡訊，是梅傳過來的：「哦！你太太回去了，你才來找我？我算什麼？」

儀這才知道，他還繼續跟梅來往……。

聽到此，智者無語了。

一段婚姻，必須是兩個人共同經營，若是一方已改變初衷，又如何能繼續下去？

「那……就看妳自己了。不過，妳得先想妥當，一旦跟他離婚了，就很難再回頭了。」

儀用力點點頭。她其實已經歷過，前次因為心軟，再回頭，哪知他的劣根性依舊。

「還有，妳的個性……，我有點意見。」智者又說。

紅著眼眶，儀用力點點頭，靜待下文。

「做人要有原則，不要太軟弱。」

儀意外的瞪大眼睛，想不到，智者居然看出自己不太好的個性。

儀的個性，向來軟趴趴，不管誰說什麼，她向來都ＯＫ，絕不會有自己的意見。婚後，她對待夫家家人，也是這樣。

「妳把自己壓抑得太過，凡事皆以別人為主，我並不是說這樣不好，不過，有些人看準了妳這個性，常會對妳有過分與無理的要求。說起來，就變成是妳太寵溺對方，結果，受傷害的是妳自己。」

「可是，不是說，學佛者，對人要慈悲、要容忍……？」

「那得看情況。學佛固然講究慈悲，但也要保護自己，不受傷害。」智者加強語氣，接著道：「想救溺水的人，首先，自己該會游泳啊！」

儀醒悟的用力點頭，原來，是她自己扭曲了學佛的意義。

和智者談過，又下了重大決定後，儀的心，反倒沉靜下來。

有道是：「**江山易改，本性難移。**」

但，儀找到了自己的方針，她知道，以後，該如何待事對人，她也知道，自己必須改過、必須堅強起來。

三界浮沉

林貴楠和李浩終於要結婚了。愛情長跑了八年，終結連理，雙方家長都很欣慰，唯有貴楠的手帕交——黃美珠，不以為然。

因為美珠認為，李浩過於普通，她向貴楠說過：「如果，我長得像妳這樣漂亮，一定會找個有錢的對象。至少，不必為生活，每天早起趕上班。」

「是呀！在家當少奶奶，誰不願意？」貴楠的母親林女士，卻有不同的看法，她認為李浩正直、負責，雖然沒有豪宅、名車，但三餐得以溫飽，夫妻感情濃厚，生活幸福就好了！

至於錢呢！林女士倒是留了一間房子給貴楠，雖是新北市的房子，也聊勝於無了！

婚後一年，貴楠懷孕，李浩叫她辭了工作，在家專心待產。

也許是過於清閒，貴楠便常去找黃美珠逛街。剛開始是買小嬰孩的物品，理由正當！不過，人的慾望卻很難控制。

貴楠生了孩子後，更喜歡血拼，而且，愈花愈凶。

李浩終於忍不住，要貴楠節制一點。

「什麼？居然叫妳節制一點？」美珠聽了，誇張的提高分貝：「喂！看吧！馬腳露出來了，這就是男人！至少，妳還有一間房子在收租耶！哼！真是！」

貴楠緊鎖眉峰。

「妳出門時，大家都把妳捧得像公主，對吧？」美珠接著道：「妳還會遇到更好的男人！哪天，我介紹個帥男人，讓妳認識！」

「這……不好吧？」

「喔！小姐，妳是呆？還是愚蠢？」美珠忽然壓低聲音：「妳還年輕，妳可以試試不一樣的男人，哪天，妳人老珠黃，想試都沒機會啦！」

貴楠被說動了，她把母親——林女士送的房子賣掉，在認識的小帥哥面前，她出手闊綽，儼然是一位貴婦。

李浩為此跟她常吵架，她卻大聲回李浩：「錢就是拿來花的，我不花，死了就沒得花了！不是花你的錢，窮嚷嚷什麼？」

貴楠只顧自己吃喝玩樂，孩子也懶得照顧，李浩只好把孩子託給褓姆，晚上再自己帶。

有一天，李浩帶孩子逛夜市，忽然想起以前，和貴楠常逛這個夜市，那時，兩人多幸福！現在呢？貴楠的人與心，卻早已不知飛到哪？連孩子都不在她眼底了。

「耶！李先生！你好！哇！Baby 都這麼大了，好可愛！」

李浩抬眼望去，是擺地攤的女子——小佳。

以前，李浩和貴楠是小佳的常客，每次，貴楠買衣服，件數都是兩位數字以上，小佳當然特別記得這對貴客。

「咦！李太太呢？」小佳無心的問。

「她……。」李浩鼻頭一酸，眼眶泛紅。

多年做生意累積的經驗，讓小佳機伶的轉開話題。

「哇！Baby 好聰明，會拿這件男士衣服哩！給爸爸穿，好不好？」

小佳拿出餅乾、糖果，哄得小孩高興極了。

這之後，李浩和小佳，成了最親近的好友。

後來，李浩夫婦終於還是離婚了，而李浩則跟小佳在一起。

一天，林女士跑來看外孫，李浩意外極了，只得請昔日的丈母娘泡茶。

林女士憔悴得脫了形，完全不若以前……。當她看到小孫子和小佳的互動，親切而溫馨，忍不住痛哭失聲。

李浩暗示小佳，把孩子帶去房間，他拿出一盒面紙，遞給林女士。林女士抽抽噎噎地說：「阿楠……真是沒福氣！我說過……家庭幸福……，不在有錢沒錢……她就是……不聽……。」

提起貴楠，李浩的臉，垮了下來，不接話。

「我……可以帶孩子……給阿楠看看嗎？」

「當初是她主動放棄孩子！」李浩語氣平板地。

林女士淚崩地：「我知道，阿楠愧對你……。」

「過去的事，請不必再提起。她還能再生……。」

「不行了啦！她沒辦法生育了！」

李浩訝異的盯住林女士。

原來，上個月貴楠去台東玩，發生車禍，男的當場慘死，貴楠重傷，還傷到骨盆，醫生說她無法再生育了。

李浩當然有他的原則，如果，他答應林女士的要求，對小佳怎麼交代？

但是，林女士臨走前，微駝的背影，讓李浩心生不忍，思之再三，李浩找了個時間，帶小佳和孩子來見智者。

李浩向智者一五一十的道出原委，還有他猶豫難決的事。

智者一面傾聽；清澈的眼神，一面看到孩子充滿幸福的可愛小臉，倚在小佳懷中。

等李浩說罷，智者恬淡的開口：「我想請問你，你認為成人的世界，該讓孩子承擔嗎？」

「當然不！」

智者頷首，接著說：「孩子的生母，見了孩子，又怎樣？不見又怎樣？最重要的，是孩子的成長，不該有缺失和遺憾。」

「對！我就是怕孩子心靈受傷，可是，在道義上，我杜絕他母子相見，又於心不忍！」

「嗯！其實呀！有很多事，很難處理到完美！」

李浩用力點頭，這正是他為難之處。

「也不是說杜絕他母子相見，等孩子長大了，見不見，再讓孩子自己決定。」

智者的話，讓李浩心結頓時解開了。

辭別時，智者送他的一偈，足以讓他玩味不已：「**無名煩惱，妄想執著，業力纏縛，三界浮沉。**」

怨憎會與相見歡

周老太太呆怔的枯坐在智者面前，她的神情與心境，恰可以一首詩形容：「**枯籐老樹昏鴉，小橋流水人家，古道西風瘦馬。夕陽西下，斷腸人在天涯。**」

呀！應該說：「斷腸人在面前。」

「妳要節哀。」智者打破沉默說。

「您說，我是不是也該追隨我老公……？」

周老先生年紀大了，最近因病死了一個多月，老太太一直割捨不下。

「學佛就是要讓我們瞭解道理，妳知道每個人福報不同，當然壽命也不一樣。」

「我很……想死！」

「這更不對了！殺生屬於波羅夷重罪之一。」

「可是，我……。」周老太太忍不住滾下兩行熱淚：「我承受不住了呀！」

「別忘了，妳還有兒子、孫子。」

智者提起這個，周老太太更是止不住傷心的熱淚……。

周老夫婦生了兩個兒子、兩個女兒。大女兒出嫁，兒子各娶了媳婦；大兒子生了兩個孩子，小兒子生了一個，唯有老么女兒尚未出嫁，他們全家人就擠在一層公寓。

平常都是周老太太去買菜、煮飯，照顧一家人的三餐。

兒子、媳婦都在上班、賺錢。照說，他們應該拿錢貼補家用，可是，大兒子和媳婦居然說，他們賺的錢不夠花，無法拿錢出來。

小媳婦沒上班，只靠小兒子賺錢，看到大兒子沒拿錢出來，他們更不可能拿錢出來。

一家十口，真的是食指浩繁，生活費用都是花周老先生的退休金。但是不管金山、銀山，總會有用盡之時。

周老太太曾暗示兒子、媳婦，有能力可以自己買房子、搬出去住。要不，大兒子一家四口、小兒子一家三口各擠一個房間，真的不太像話。

可是，兩個兒子開銷大，房價又貴得嚇人，哪有能力呀？

這也算了，更誇張的是兩個媳婦，妳看我、我看妳，竟然都不肯幫忙做家事。周老太太每天買菜、煮飯、洗碗，忙得團團轉，她已經六十多歲，體力真有些負荷不了。

么女看不下去，私底下常向周老太太說：「該叫媳婦幫點忙吧？」

周老太太回答女兒：「唉！算了。她們也是別人家的心肝寶貝女兒，我想，自己的女兒嫁人作媳婦，我也希望女兒能被人疼愛，既然這樣，我當然也要疼愛她們呀！」

嘴巴是這麼說，可是，繁重的家事，讓周老太太忙煩了時，或是身體微恙時，或是感冒生病時，她總會向老公抱怨：「她真命苦！」

不知道他們家衣服是怎麼洗的？各家洗各家的？還是周老太太洗的？

逢年過節，周老太太更忙碌了，不過，大兒子會包一萬塊給她；小兒子呢！只包個三千塊。

么女看不下去，說話酸了點，馬上就被周老太太制止，她的理由是，現在工作不好找，兒子賺的不多，不要逼他，算了！

么女氣得不肯待在家，每天躲到圖書館，眼不見，心為淨。

周老太太不說，外人還看不出來，她受了多大的委屈。

現在，她唯一的倚靠——周老先生走了，她連可以訴說心底話的人都沒了，叫她該怎辦呢？

也難怪，她會想追隨老公而去。

沉寂了好久後，智者輕輕開口：「所以，佛陀告訴我們，人生有八苦：一、生苦。二、老苦。三、病苦。四、死苦。五、愛別離苦。六、怨憎會苦。七、求不得苦。八、五蘊熾盛苦。」

智者又接口說：「我舉簡單的說，愛別離苦、怨憎會苦，妳懂吧？」

周老太太眼淚又流了下來，點點頭。

「周老先生走了，愛別離，是很苦的事。但，死別是我們人最無奈的啊！」

周老太太忽然傷痛得無法抑制。雖然如此，智者還是不得不繼續說：「請妳想想，如果妳兒子、媳婦、孫子離開妳，妳會傷心嗎？」

周老太太舊淚未乾、新淚又湧了出來。這正是她矛盾的地方。

「所以，這是念頭的問題。」智者睿智的說：「既然妳明白，愛別離、怨憎會都是苦，為何妳不把它轉成『**愛，不要離別**』、『**相見歡**』？」

周老太太表情木然的望向智者。

只聽智者又說：「死別，是我們人無法改變的事，但生離，我們可以轉。」

周老太太迷惘的問：「怎麼轉？」

「不管什麼事，都是一體兩面。亦即說，一得必有一失。這時，就看妳如何選擇了。」

周老太太聚攏起眉頭，她似乎更不理解了。

其實，智者已經說得很清楚了，她還是不懂。不過，智者還是很有耐心的說：「妳希望家人都聚在一起，當然，妳得付出代價，妳會很辛苦。反之，若妳兒子搬出去了，妳不會這麼辛苦，也不必付出，可是，妳就必須忍耐家人分散的思念，對不對？」

「啊！原來是這樣！我懂了。」

「所以，就看妳怎麼選擇。」

周老太太萬分虔誠的向佛祖、智者，深深一禮，才辭別智者。

是呀！怎麼做，就看個人的選擇了。

井中撈月

佑良和佑昌雖然是親兄弟，但卻成了仇家！

到底是兩人命運大不同？還是說，造化弄人？

兩兄弟的老家在台中鄉下，父母親務農為生。弟弟佑昌高中畢業後，沒再繼續升學，選擇留在老家，或許是他對讀書沒興趣。

畢業後，他去當模板工人，這是他的正職，業餘時，就幫忙父母下田。

佑良喜歡讀書，高中畢業，他考上北部的大學，負笈北上後，兩兄弟就漸行漸遠了。

佑良讀完大學，考上公家機關，又認識了現在的妻子——珍芳，因為珍芳是北部人，佑良就這樣定居在北部，除了逢年過節，他很少回台中老家。

時光荏苒，一轉眼，佑良三個兒女都長大了，而台中老家的老母親也往生了，剩下八十多歲的老父親。

一天，父親打電話給佑良，叫他回去談財產過繼的事。

原來，之前佑昌就一再吵父親，希望能趕快把財產分一分，否則……。

他擔心的是萬一父親翹辮子，依法律規定，他和佑良、兩個姐姐都有份，其實，他真正的心思，是……。

佑良回到台中，父親才全盤托出：「父親原本存了五百多萬，存摺和印章寄放在佑昌那，想不到，被佑昌花掉了！」

佑良聽得眉心都皺起來，他知道父親務農，一生節儉勤奮，五百萬對父親來說，是一筆大數目。

「怎麼花的？」佑良忍不住問。

「不知道！」父親簡單的回答，接著，他又說，怕錢又被花掉，所以才去買塊地，現在，佑昌一直吵著要分，他只好依他。

佑良只是無言的點點頭。

以前，過節時，佑良一家大小回家，佑昌臉色從來沒有好看過，始終是一副敵對狀，而且經常酸言酸語。

「阿昌說，他有兩個兒子，你呢！只生了一個，所以……。」父親最後說出關鍵來了：「財產包括農地、房子，要分成三等份，他兩份，你一份。」

佑良睜大眼，看著父親蒼老的臉……。

「你兩個妹妹，我已經告訴她們了，她倆沒得分！」父親大約看出佑良的臉色，他口氣一轉，說：「唉！你也知道，父母難為呀！一樣都是兒子，我能怎樣？」

「可是房子、土地是你的，決定權也是在你呀！」

「我……當初，買土地時，是用阿昌的名字。」

「可是，土地是你買的，不是嗎？」

「嗯！阿昌說用他的名字，將來過戶時，就不必這麼麻煩，還要繳什麼稅、什麼稅的。」

佑良瞭解後說：「這麼說，如果我不同意分成三等份，阿昌就不肯給我了？因為……土地是他的名字？」

就在這時，阿昌忽然現身，原來，他躲在門後偷聽。

他瞪大一對眼睛，鐵青著臉，揚聲說：「你想想看，幾十年來，你在家裡住過嗎？你可曾到田裡幫過忙？你照顧過阿爸、阿母嗎？尤其是你的媳婦，可曾煮過一頓飯給倆老吃嗎？」

怎麼沒有呢？這是「欲加之罪，何患無辭」？

但，佑良竟然無言了。因為，他本就木訥，不善言語。尤其是弟弟這態度，讓他震驚得無可復加！

事實上，去世的老母，曾私底下告訴過佑良，說佑昌的媳婦，經常漫罵他倆老，佑昌夫婦倆去上班，倆老中餐經常都吃冷飯剩菜。

佑良夫婦回到台中時，也曾親眼看到過，佑昌媳婦口沒遮攔的罵倆老。

「能分你一份，算是不錯了，要不，我大可以不分你。」

剎那間，佑良臉色一變再變……思緒也一再在腦中翻騰不已……。

深深吸口大氣，佑良終於低聲說道：

「好吧……，就……就照你說的辦。阿爸，我……回北部去了。你……自己多加保重。」

個性強悍的珍芳，聽罷佑良的述說，當場跳起來：「這是什麼跟什麼？你就這樣回來？你跟你兒子怎麼交待啊？」

照說，他兒子是長孫，依舊例，長孫是可以分到雙份的家產呢！

任憑珍芳叫囂、漫罵，木訥的佑良，都是一派沉默，但其實他的心已經支離破碎了，他真的是無話可說呀！

再濃厚的親情，竟也抵不過區區房地產？

罵到後來，珍芳也累了，她連著幾天都不跟佑良說話，實在是氣不過，珍芳跑到智者面前，請他評評理。

智者聽完，過了約五分鐘，才問珍芳：「氣消了沒有？」

「唉！早消了，只是嚥不下這口氣！」珍芳嘆口氣：「沒聽過如此無能的父親。」

「哦！妳看過新聞嗎？還有要不到錢打父母，甚至殺了父母的！」

珍芳點點頭，是聽過許多。

「其實啊！富貴如浮雲、名利似風，有誰真正看破、放下呢？」

接著，智者說出一段佛經故事……。

伽尸國，波羅奈城，有五百獼猴，遊行在林中，猴王走到尼俱律樹下，樹下有一口井。

猴王看到井中，現出一輪月亮，牠回頭告訴眾獼猴：「不得了了！今天月亮死了，落入井中，喏！你們看！」

大夥兒爭先恐後的看過，心底都驚慌莫名。

「我們來救月亮，不要讓這世間陷入長夜中。」

「好！」眾獼猴皆贊同。可是卻有獼猴問：「有什麼辦法救月亮啊？」

「我有辦法！」獼猴王指著井邊一棵樹，說：「我拉住樹枝，你捉住我尾巴，一個接著一個，深入井底的獼猴，就可以撈出月亮了！」

說完，獼猴王沾沾自喜，大夥兒也高興的照猴王所說的做。不料，樹弱枝折，獼猴全都墜入井中！

「其實，月亮依然在天空，只是這群獼猴無法瞭解。就像名聞利養，依舊在世間上誘惑人們，名利、富貴，人人都愛，但多少人為了它，身敗家裂，甚至賠上性命呀！」

沒錯！珍芳頷首。

只聽智者接口，說：「何謂學佛——佛者，覺也。覺悟的層次、內涵非常多，我們單就眼前的事件而言，覺悟什麼呢？覺悟道理、因果，明白不墮入世間名聞利養的陷阱裡，那是我們最初學佛者的真正意義了！」

聽完智者的結語，珍芳一顆心，頓時平息了下來。

業力是因緣

焦山琪面容嚴肅的來見智者。雖然，他表面平靜，言談舉止間卻處處顯得消極、沮喪。

等他人散去了，智者才問焦山琪：「你有什麼心事？可以說出來。」

焦山琪強裝出來的堅韌，在剎那間崩潰，他雙睛泛紅，聲音微帶著顫抖地道出……。

焦山琪長得其貌不揚，就因這個緣故，他在各方面都特別努力，大學畢業後，可能是因外表的緣故，找了一、兩年工作，全無著落。因此，他在父母的建議下，放下身段，跟人學做黑手——修理車子。

學成後，焦山琪出師了，他父母便出資，開了一家修車行，生意愈做愈大，可算是小有資產者了。

一天，一位客戶——林水力來修車子，跟焦山琪閒談後，非常欣賞他敬業又老實的態度。修了幾次車子後，兩人更熟稔，林水力也知道焦山琪尚未娶妻。

一天下午，林水力帶著他的女兒——林巧珠，不著痕跡的介紹給焦山琪。

林巧珠穿著漂亮、時髦，溫柔體貼，又帶點主動，兩人很快墜入情網；很快就結婚，並生下一個男嬰。

焦山琪原本什麼都不懂，對孩子疼愛有加。

可是，林巧珠的事，瞞不了焦山琪父母，在細心求證下，焦山琪終於探出來，林巧珠跟前男友暗結珠胎，但前男友卻避不見面，當然也不願負責任。

所以，漂亮的林巧珠，只好下嫁給焦山琪。

經過一番內心掙扎後，焦山琪說服了父母，原諒並接納巧珠。林水力為此，特地買了禮品，向焦家道謝。

不久，林巧珠懷第二胎，產下女兒，女兒長相就跟焦山琪很相像。焦山琪的父母，特別疼愛這個孫女，對長孫就相當冷淡。

朝夕相處的家人，一旦有了心結，衝突是早晚會發生的，所以，焦家就陷入了這種爭戰中。

林巧珠與焦家雙親的心結，愈結愈深，她開始往外跑，起先，她說要回娘家，或找朋友，焦家雙親的冷言冷語，變成直接漫罵，漫罵中，當然也會提及她前男友，以及……不是焦山琪骨肉的大孫子。

林巧珠外出的時間也由短變長，甚至有時候乾脆不回家。

焦山琪屢勸不聽，林巧珠在一次爭吵中，告訴焦山琪，說她的朋友都笑她，

一朵鮮花插在牛糞上！

孰可忍？孰不可忍？焦山琪非常生氣，他漲紅了臉，吐出心中悶氣地向智者說：「我很想跟我太太說：『我雖然長相不如她，可卻是個標準的乾淨人！』」

「你知道，這話說出口的後果。」

「所以……。」焦山琪努力平息心中的悶氣：「我沒說出口。但是，我不知道該怎麼做才好！」

智者看一眼焦山琪，徐徐說：「為了孩子，你當然要低聲下氣。不然，你當初願意容忍兒子和妻子的一片心，豈不枉費了？」

「可是……我到底該怎麼做？」

智者恬淡一笑：「你來上課時，也聽了很多關於「忍波羅蜜」的道理吧？」

「啊！對喔！」焦山琪恍然大悟的用力點頭。

「所以，學佛有什麼用？」智者鏗鏘有力的說：「就是把佛教的道理，落實在日常生活中。」

「是！我懂了。謝謝您！」

向佛前虔誠一拜後，焦山琪已不若來時的消沉，他踏著輕快腳步回去了。

一個月後，焦山琪又來了。

他比上次來時，更憔悴、消瘦。他向智者稟告：「他盡心盡力的忍耐，可是，林巧珠跟他漸行漸遠……，後來，焦山琪去找岳父林水力，想請他幫忙，才知道，原來，林巧珠有了新的男友，並且已同居了！」

兩個孩子一天到晚吵著要找媽媽，焦山琪也發現，父母年邁，體力不好，家中沒有女主人，根本不成一個家。

他放下生意、放下身段，百般祈求林巧珠能回頭，他的忍耐已經到達極限，卻還是無力挽回妻子！

聽完，智者微微頷首，拿起一張紙，遞給焦山琪，焦山琪有些錯愕……。

只見紙上一首偈，他緩緩念出：「**業力是因緣，知正偏；塵境是生緣，了色空；法行是助緣，道相應；取捨當隨緣，智圓融。**」

念完，焦山琪望著智者，鎖緊眉峰：「請原諒，我看不懂。」

接著，智者語氣平靜的解釋道：「你，因為業力與各種因緣，認識了你的妻子，還生下小孩子。因為種種外在色塵、緣境，形成了色蘊，也就是你的色、受、想、行、識五蘊，五蘊使你產生了喜、怒、哀、樂。這些情緒高低起伏，你應當知道，生生滅滅，一切都是虛幻。五蘊的運作，讓你思考後，顧慮到家人、孩子，你就會想挽回妻子。只是，欲挽回，是你單方面的想法，對方肯不肯呢？

這是無法預估的。最後一句：取捨當隨緣。你已經盡心盡力了，而對方不願意，你要能放下執著，一切隨緣，那麼，你還有什麼罣礙？」

沉靜好一會兒，焦山琪臉色略微透紅：「這麼說，您早看出來，她不肯回來？」

智者輕輕搖頭：「人心最難料，誰能預測？假設說，你執意拉回對方，因而產生衝突，甚至鬧出鋃鐺入獄……等社會事件。想想看，你划得來嗎？」

深入細想後，焦山琪揪心的點點頭，他消瘦的臉龐，已不見愁容，雖然，要療癒心傷，可能需要一段時日，但是，人生，何處不坎坷？

儘管再困難，總得面對啊！

向智者道謝後，他無言的走了！

曲徑通幽道，
禪房草木深，
心中不種無名草，
性地常開智慧花。

慈悲

三界：欲界、色界、無色界。
六道：天、人、阿修羅、畜生、餓鬼、地獄

悟盡世間煩惱，一切當下自在。

空留遺恨在人間

風飛揚！雲翻騰！

那道淡影依舊屹立。

無論靜坐，休息，或是吃飯，那道輕飄飄的淡影，總徘徊在周遭。

般若波羅蜜多心經云：「**色即是空，空即是色。**」

心若不執著，不相應，就算牠在面前，又何異於空？所以「色即是空」呀！

但，它卻距他更近了。

而且，從似有若無，逐漸明朗！

他依然不見、不聞、不應……。

江西馬祖道一禪師云：「凡所見色，皆是見心；心不自心，因色故有。」

色塵緣境，皆因心相應。如果沒有心，哪來色有？

因此，息心、屏念，心念不因外塵而牽動，才是上者。

然而呀！它，更近，也更清晰！

他清楚看到它——沒有手？

他淡然道：「沒有手嗎？那很好，沒有機會做壞事。」

它倏地淡化……淡化道看不見了。

過不多久，它再現……這次沒有頭。

他只淡然看一眼，卻不語。

它按捺不住了，揚起狂烈的風，翻騰狂怒的烏雲，學著他的聲調：「沒有頭，那很好，不會有雜想妄念！呵呵呵……。」

「錯了！沒有頭，依然有思緒。」他牽動嘴角，要笑不笑地：「可是，你學得倒很快喔！」

風止雲平，它愣怔著……。久久，喟嘆道：「說得好！如果沒有思緒，我也不必如此痛苦了！」

他看它一眼，憐憫頓生：「既然都走了，何必把痛苦帶著走？不累嗎？」

「我何嘗願意呀？」

「願不願意，都看你自己。」

「唉！生前，我學佛不精，無法得到佛法要義，死了，更無從體驗。」

「學佛，其實很簡單。」

「哪是？這是一門深奧的學問。」

「你只要知道『放下執著』這四個字，一切自在。」

靜思一會兒，它頓然激動莫名：「啊！呀！我……我……。」

他嘴角牽出個弧度：「怎樣？你……明白了吧？」

它身子忽然矮了一截：「謝謝！感謝你的點醒。」

「不必！佛度有緣人。這是你的機緣。」淡淡說罷，他繼續靜坐，繼續用功……。

它該走，卻不走，還是跪著。

「修行人！我知道你是修行人！我需要您的幫忙。」

他依然閉目藏睛。不是鐵石心腸，實在是修行時日有限呀！

「求求你，幫我最後這一次，拜託你！」

它悲悲切切，哭哭啼啼，斷斷續續，述說著它的痛苦和遺恨……。

原來，它生前叫王敏雄。

明亮的咖啡屋，人不多，角落非常安寧。女士攪拌著飲料，神情爽然若失……，好一會兒，抬眼，口氣中，滿是憤恨：「怎麼可能？我不相信！」

他輕吸口氣，雲淡風輕地：「我只是代替他，向妳轉告。信不信，是妳的事。」

「我當然不相信！人都走了，我也不怕你知道。他呀！是報應！我親眼看見他跟他的祕書兩人開車，一齊上汽車賓館，他承認了！」

「那是因為他要跟她談判。」

當初，王敏雄就是這樣跟她解釋，可是她不信，也不想聽。倆夫妻冷戰了幾日，幾天後的下午，他下班回家路上，發生車禍，沒有留下任何遺言，就走了。

她一直活在極端憤恨中，隨著時日消逝，她已經沒有任何感覺，正確的說，是她的心，已經死了。

「你的轉告，我聽到了。沒事的話，我告辭了。」

「回去後，請妳打開書房內的楠木書桌，中間抽屜有一張紙，上面有一首詩。」

她起身本欲走，聞言，頓住腳步，眼神平板的看他。該信？還是不信？

接著，他低聲念道：「**是非成敗轉頭空，恩怨情仇瞬眼花，青山綠水依舊在，人生幾度夕陽紅。**」

她臉色微變。只又聽他說：「他說，這首詩，道盡他的心情。中間抽屜夾層，裡面有他留給妳的東西，連同這首詩，他原本打算在妳七月七日生日那天，一起送給妳。」

她的生日？楠木書桌？素昧生平的他怎知道？

抽屜有夾層？連她都不知道！

她下唇顫抖得厲害，緊鎖眉心，不發一語的跨出咖啡屋。

平靜的日子，就是修行的日子，呃！不對！不管平靜不平靜，日日皆是修行的好日子啊！

想不到，她來了。哭倒在他面前，求他讓她跟它見面，或說話……。

「我只是個凡夫，不是乩童，也沒有通靈能力，請原諒，我辦不到。」

她傷痛極致，哭得快噎氣，快昏死了。

「不要這樣，起來吧！妳不是不相信嗎？」

她手中緊握著錦盒，把信及那首詩遞出，他接過來。

信中說，錦盒內的鑽石項鍊，是她的生日禮物，另外還說……，原來，祂書夥同男朋友設計王敏雄，搞仙人跳，並威脅它拿出鉅款，否則要對它的妻子下手。

牠所做的一切，包括不肯告訴她，都是為了保護她！

「我如果能聽他解釋，我如果不跟它冷戰，也許它不會發生車禍。都是我，我害了……害死……。」

「不要自責太深。冥冥中，都有定數。尤其是人，誰都不知道何時會走？何時該走。妳只要把小孩平安的生下來，好好照顧他，就……。」

她驀地大慟，悶絕……，原來，王敏雄走後，她把遺腹子拿掉了！

「恨」很可怕，會讓人做出不可思議的錯事、憾事。

她哭上好一陣子，稍稍平復後，他說：「妳不要太傷心了。事情都已經這樣了，一切是『緣』。緣生緣盡，誰都無可奈何。」

她還是不死心的哭求他，只想見它一面。

「請原諒，我真的辦不到。這樣說吧！它只想讓妳知道它的心，這個願望達成了，牠沒有執著，也了無遺憾。」他淡然望向晶藍的天空。

「我要見它，我……我要向它懺悔。」她哽噎著說：「要求它原諒……。」

「我想，它已經不需要了。再說，妳應該也不希望它到處飄蕩。」

「是啊！可是……它去了哪裡？」她抹抹眼角。

「去……它該去的地方。」

望著她狼狽背影，蹢躅腳步，他想起一句詩偈：「**無名煩惱，妄想執著，業力纏縛，三界浮沉。**」

他緩緩閉上眼，綿密不斷的佛號，莊嚴的漫響在他心底、周身。

名利似風

她是許多親朋好友，羨煞的偶像。住豪宅、開名車；沒有上萬的衣飾，絕不上她曼妙的身軀。風光、鮮亮的日子，總是過得特別快，隨著時日漸消逝，她愈來愈憂煩，而且，逐日加重。

她買更高級的化妝品，天天上美容、美儀店，想盡辦法，就是要留住美麗與青春。

想當初，就是靠美麗與青春，她才得以攀上豪門，下嫁金龜婿。金龜婿跟她一樣，雖然逐日衰醜，可是依然多金，所以，更多青春、貌美的女孩，對他趨之若鶩。

就在她證實丈夫有固定的新歡時，她幾乎快崩潰了！她試圖挽回自己的地位，卻換來丈夫的訕笑與不屑。這世界，快瘋狂了！不！是她快瘋狂了！

用盡心思、耍盡手腕，她只得到更嚴重的身心傷害。最後，她不得不放棄，卻又心有不甘呀！

望著她因長期煎熬，而顯得衰敗、頹喪，更增添七分老邁的臉，他輕聲問：

「妳……不甘心什麼？」

「他……我的丈夫，要用一筆錢，把我打發掉，我的地位、我一切的一切，全都沒了！我……不甘拱手讓人呀！」

「如果說，為了維護妳的地位，賠上性命，妳又剩下什麼？」

她愣怔的眨眨眼，無言。

沒有命，地位、金錢，又有什麼用呢？

「天哪！我該怎麼辦？」她驀地放聲大哭，嚎倒在地。

他冷犀、透澈的眼光，充滿憐憫：「充滿貪、嗔、癡的可悲人們呀！」

看她傷透至極，他實在不知道該說什麼。等她哭過一場，他輕輕的念：「**人生在世本是空，追求名利恰似風；今朝有心參佛法，明日無妄証圓通。**」

不知道她聽進多少、悟到了多少，擦擦眼及糊了的妝，她頹敗的回去了。

不久，他輾轉聽到她受不了煎熬，居然……上吊自殺了。

一個生命，就因為看不開、放不下而折損了！

世情

「世情薄，人情惡，雨送黃昏花易落。曉風乾，淚痕殘，欲箋心事，獨語斜闌。難！難！難！」

有一些人，希望得到最好的物、事。所以喜歡與人比較，例如：我穿的必須比他好；我吃的，也要比他精緻；我賺的錢，必須比他多；我……。

玉婷就是這樣的人，此外她很努力，加上眼光遠，所以她工作很得意。在工作最順當之際，玉婷找到了長期金飯票，所以，她急流勇退，結婚去了。婚後，玉婷才發現一件事：一切都錯了。

剛考入公司，玉婷就成了公司內的寵兒。因為她年輕貌美、做事努力，很快的，她成了公司內的名人，不管是職員、主管都想跟她交往。

然而，眼光深遠的玉婷，根本不將他們放在心裡，就這樣，她成了公司內女同事的眼中釘。

也因這樣，女同事的中傷，反讓鄭宣注意到玉婷。以玉婷的手腕，當然，很快就把上了鄭宣。接著，兩人步入了結婚禮堂。

婚後，婆婆美珍要玉婷專心持家，所以玉婷成了家庭主婦。

不過，玉婷過得倒也開心，她想：「人生就是這樣嘛！一個完美的結局。」

婆婆美珍是個優雅女士，氣質好、談吐高尚，只可惜老公已經去世多年，但好在還有鄭宣這個獨子，當然，對母親，鄭宣是非常孝順的。

美珍對玉婷好得不得了，簡直就比親生女兒還疼，玉婷覺得自己真幸運，可是……。

不久，玉婷發現，那是當著鄭宣面前。背著鄭宣時，美珍就是一副貴婦模樣——高貴、冷漠、不可親近狀。

有一天晚飯時，三個人吃完飯，玉婷送上水果，美珍笑呵呵的問鄭宣：「你跟玉婷說過了嗎？」

鄭宣疑惑的反問：「什麼事？」

玉婷坐下來，尊敬的望住美珍，美珍笑著轉向玉婷，說：「哦！我們鄭家雖然不是名門望族，不過呢！也是有頭有臉的人家，我最忌諱的，就是有汙點的親戚喔！」

鄭宣和玉婷對望一眼，眼神盡是不解……。

「當然！我們不會有這樣的親戚吧！」美珍笑得燦爛，看著獨子和媳婦：「要不，我是會追究到底的呢！」

玉婷的眉峰，略皺了皺，和鄭宣一同點頭。

「咦？我明明記得……放在……？怎麼會不見了？」

玉婷發現珍珠胸針不見了，隨便找了找，也就不了了之。她沒放在心上，也許是自己忘了丟在哪。

過了一段時日，玉婷連續發現戒指、項鍊，一一不見了。

剛開始，玉婷沒注意許多，因為，她的飾物太多了，有的是鄭宣送的、有的是美珍送的，她以為是自己戴著去買菜，不小心弄丟了，也或許是上廁所，忘了放在裡面。

直到有一天，鄭宣問玉婷，是否看到他的存摺。

「沒有耶！有多少錢呀？」

「沒關係，不到十萬塊吧！算了，那本不是頂重要的，再找找看。」

雖然，鄭宣這樣說，倒引起了玉婷的注意。

晚飯時，美珍笑容可掬的向兒子和媳婦說：「我的戒指不見了，不知道你們看到了沒？」

鄭宣和玉婷雙雙搖頭，鄭宣問：「什麼戒指？」

「啊！算了，我再找找看。」美珍轉向玉婷：「乖媳婦，可以上水果了。」

「怎麼可以說算了，就算了？我們家就我們三個人，不可能丟了東西……。」話說一半，鄭宣忽然住嘴，他想到那本找不到的存摺。

於是，鄭宣接著向美珍說：「媽！家裡不會有……小偷吧？我看，裝個監視器吧？」

「傻孩子！」美珍笑了：「家裡又沒別人，你裝什麼監視器？是不相信我？還是不相信玉婷？」

玉婷愣怔一下，只聽美珍又接口：「玉婷可是我最乖的好媳婦。說什麼我都不相信她會偷家裡的東西。你想，我們以前丟過東西沒？」

鄭宣搖搖頭，眼中卻閃出懷疑的光芒。

「那不就得了？」美珍站起來：「來！我來幫忙收拾碗筷。」

「媽！我來！我來！」玉婷急忙起身，收拾桌子。

家裡一再發生失竊物品，玉婷很納悶，想著，該怎麼辦？平常鄭宣都去公司，家裡只剩下她跟美珍，難不成，要監視美珍？

要不，難道要監視自己？

玉婷亂了！

這天中午，玉婷正在煮飯，忽然，聽到客廳傳來吆喝聲，是鄭宣！

「我正在開會，幹嘛現在叫我回來？」

玉婷丟了鍋鏟，忙跨出廚房。

平常舉止高貴、優雅的美珍，慘白著一張臉，渾身顫抖，指著桌上一包文件：「你……你看就知道了！」

「什麼嘛？」說著，緊皺著眉頭的鄭宣，拿起文件，拆開來。

鄭宣俊朗的臉，倏然大變，緩緩轉向踏出廚房的玉婷。玉婷正不解，鄭宣把文件遞給她。

她看了一遍，裡面就幾張照片。她放下文件，不解的反看鄭宣母子：

「怎麼了？」

「這個人是……？」鄭宣問。

「我哥哥呀！我們結婚時，喜宴上也有來啊！」玉婷差一點失笑，只是她心裡納悶，為什麼要拍下她跟哥哥見面的照片？

「媽！妳就為這個，叫我回來？」鄭宣眉頭皺更緊了。

「你知道這個有多嚴重嗎？」美珍提高聲音，轉向玉婷：「為什麼見妳哥哥，要在外面？妳可以請他到我們家來！」

玉婷不語。其實，她很清楚，美珍不喜歡她的家人，哪敢請家人到鄭家來？

「媽！這……。」鄭宣說到一半，美珍截口道：「妳哥哥吸毒！對不對？」

這句話，好像一顆炸彈，炸得玉婷和鄭宣剎那間，臉色大變。

「我家丟了許多值錢的東西，問題出在哪啊？」

鄭宣轉向玉婷。玉婷的臉，由紅轉白；又由白轉紅……。

「我真不敢相信……。」鄭宣瞇起眼：「會發生這種事？」

「不！我沒有！」玉婷的聲音，劇烈顫抖著，整個人也跟著顫抖起來。

「我說過。」美珍深吸口氣：「我最忌諱的，就是有汙點的親戚！」

「媽！我沒有……。」

鄭宣不發一語，鐵青著臉，轉身欲走。

「鄭宣！你去哪？」美珍尖銳的叫道。

「我先到公司開會。回來再說。」僵硬的說完，鄭宣大步跨出去。

淚眼滂沱的玉婷，繼續斷續的說：「從此，我先生，再也不肯理我，連一句話都不肯讓我辯白。我……我婆婆……，更是可怕，在家中，我連貓狗都不如啊！」

想也知道，玉婷在家裡的地位，肯定一落千丈。

「婆婆要我搬到另一間窄小的房間，她天天罵我是賊、汙穢，不配住在鄭家。她……完全失去了平時的高貴、優雅。」

智者不發一語，只是靜靜的聽，冷犀眼神，充滿睿智。

「對人生，我失望透了！我想了很多、很多，縱有金山、銀山，這樣的日子，我怎麼再過下去。我已經準備好……最壞的打算了。」

「什麼打算？」他這會才開口道。

「離……婚……。」用力擦眼角，淚依舊滴下來，玉婷接口說：「想不到，我以往的努力，全都白費了！我的精打細算，還是輸了，輸給了『人心』！」

他點點頭，抬眼看玉婷，輕聲說：「既然有最壞的打算，何不趁機，替自己辯白？」

瞬間，玉婷詫然的望向他。

「不圖富貴、不貪名利，也不能讓自己的人格受汙穢。」

玉婷的全身，包括神經、大腦，都停頓住，不！只剩聽覺。

「妳最好讓妳先生明白妳的為人，妳要知道，妳的人格，代表妳娘家所有的人。即使要離開，也要清清白白的走。」

玉婷這會兒，腦筋才開始運轉……。

「但我婆婆防我……像防賊……。」

「所以，更能肯定，妳是冤枉的。若還住在鄭家，總有機會替妳自己洗刷冤屈，不是嗎？」

澈底想了個透澈，玉婷頷首，下定決心的向他告辭。

是啊！如果有心，沒有辦不到的事！

忍耐了將近兩個月，玉婷果然趁機會，搜出美珍藏在深櫃裡的一包東西。

玉婷知道，事不宜遲。

當天晚上，鄭宣和美珍同坐在大客廳時，玉婷跨出客廳，美珍正預備開罵，

玉婷拿出那包東西。

美珍鐵青著臉，準備要搶過來，但是玉婷更快的閃過，攤在鄭宣面前，並

打開它……。

裡面有金戒子、項鍊……一大堆飾物，包括鄭宣丟失了的存摺。

鄭宣震驚到一語不發。

「這包是我從你媽的房間，衣櫃內層搜出來的。」玉婷平靜的說：「我只

想證明，我的人格是清白的！」

鄭宣緩緩轉向美珍，美珍俯低著頭，思考著該如何對應，同時，怨恨自己，

為什麼如此大意？

「媽！妳怎麼說？這是怎回事？」

「我……我……。」

美珍失去了平時貴婦的優雅、高尚，她慘白著美麗的臉，手足無措，還微微的顫抖。

玉婷忽然升起憐憫之心。人呀！被剝開華麗外衣時，竟是如此不堪、可憐！

鄭宣站起身，向玉婷道：「妳……就原諒媽……。」

玉婷不屑的牽動美麗的小嘴角，丟給鄭宣一張紙，鄭宣看了，俊臉大變，那是離婚書。

「我已經簽好了，等你簽好，明天去辦手續。」

「玉婷！妳何必做得這麼絕？」

「你鄭家人應該要知道窮人也有人格；而且有錢人的人格，有些根本比不上窮人。」

說完，玉婷平靜的回身，走了。

她知道，這一回身，她勢必得再回去她的平民世界。可是，她更知道，與其身心受重創的擠在高層世界，不如沒有負擔的過她平淡的日子。

同時，她也計畫，以後，一定要常去找智者，聆聽他的想法。

是這位智者，洗滌了她的身與心，開啟了她的另一扇門，讓她重新站起來，也重新認識了人生！

悔

有聲音！

時而尖銳；時而高亢；時而低沉；時而……。

總之，這聲音是撩亂而纏繞……，而且，不只一次、一天。

他突兀的自忖：「絕非幻境；也不是意念散亂。」

於是，他提高注意力。終於，他發現了聲音的方位，凝眼尋覓著……。

啊！有了，庭院中，濃密草叢裡，冒出一股淡得幾乎看不見的煙。

淡煙忽聚、忽散、偏左、又轉右，不過，似乎……。

哎！就是無法凝聚成人形，我……嗚……。哭聲轉為高亢，似裂帛。

「你是誰？」他問。

「你看到我了嗎？你看到我了嗎？」

「一團煙霧！」他輕輕的說。

「請你救救我，智者。」煙霧還是忽聚、忽散。

「不知道我有沒有這個能力。你說說看。」

尖細的長嘆一聲後，煙霧轉聚成一大團，中間則淡出一圓圈，淡化的圓圈中，幻出種種幻境……。

好大一座大工廠，裡面有許多員工正努力的在工作，生產線上，大家忙碌著……。

一位領班級人物，四處走動，眼睛則忙碌的四下張望。

「林先生！」有一名工人，出了點問題，請領班過去幫忙。

領班叫林宗海，因為經驗豐富，人老實又勤勞，很得老闆賞賜，所以老闆把工廠交付給他，放心的到海外擴展。

在這間工廠裡，林宗海幾乎可以全權代替老闆。

不知是做太久；或是人心的變化；還是受不了誘惑……，總之，林宗海起了貳心。

他想了很久；觀察了很久，也計畫了很久。他把工廠收到的款項，逐一收妥，然後，在人不知、鬼不覺下，捲款而逃。

他逃到沒人熟識的偏遠地區，小心藏妥錢，躲了很久。

躲避了一段長時間，以為已經風平浪靜，他拿出部分錢財，買新車、置豪宅……。

但是，人算卻不如天算！

一切都弄妥當，準備好好享受未來的人生時，林宗海卻在一間酒家喝酒時，跟別桌客人起了衝突。

林宗海還沒踏出酒家，對方竟叫一群人來，將他活活打死。

在幻影中，只見一縷孤魂，無依無靠、渾噩不覺，飄飄渺渺的遊蕩在煙霧中……。

煙霧轉聚成一大團，中間則是淡出一圓圈，在淡化的圓圈中，化出種種幻境……。

接著，幻境出現一大團黑霧，黑霧凝聚成一隻……。

赫！是一隻……一隻流浪狗，生了一窩小狗。

因為母狗奶水不夠，其中一隻小狗總是被兄弟擠壓、排斥，牠經常吃不飽。在餓肚子中，牠逐漸長大，卻瘦骨嶙峋。

雖然如此，牠卻只有一個深切的意念：「找到它！守住它！」

牠四處流浪……，流浪到一個偏遠地區，狗眼溜溜的轉動，周遭都沒有人，也沒半隻動物。

於是，牠開始挖、挖、挖……。

好一會兒，地洞裡出現了一口大箱子，牠看到了，鬆了一口氣似的，放心的笑了。

果然還在。

很快的，牠又把土重新埋好，接著在土堆上滾來滾去，等土堆滾平了，完全看不出來什麼，這才放心的去找吃食，牠也真累了！

接下來，這隻狗，每天都隨便撿個吃食，只要肚子有東西就好，甚至連樹葉、樹根、磚頭都吃，牠最大的任務，就是死守著地洞裡的錢。

守到最後，狗病了，瘦骨嶙峋的牠連路都無法走了……。

在煙霧縹緲中，這隻狗奄奄一息，然後，隨著凝聚的煙霧，牠渙散了！

庭園裡，驀地傳來尖細的一聲長嘆後，煙霧轉聚成一大團，中間則淡出一圓圈，淡化的圓圈中，有一大群蠕動的東西，智者用心一看……呃！是一群螞蟻！

上方那股淡得幾乎看不見的煙，依舊忽聚、忽散、偏左、又轉右……。

高亢、似裂帛的哭聲，再次斷續傳來：「嗚……我……就是無法凝聚成人形……救救我，請您救我……。」

隨著哭聲愈來愈低落，煙霧也愈來愈小，終至淡化……不見了……。

智者明白了，它，因為業力，轉世成狗；甚至再轉世成螞蟻，連魂魄都幻散了。

雖然，智者很同情它，也想救它，可是，業力難以抗拒啊！

智者嘆了一口氣，口中低吟道：「**蟲鳴鳥叫，皆是清淨音。雷響狗吠，同為無垢聲。財富權位，使人迷失。鬥爭謀害，讓我墮落。**」

因緣記

「不受塵埃半點侵，竹籬茅舍自甘心；只因誤識林和靖，惹得詩人說到今。」

唯有這首詩，最能貼切形容唐宜蓉此刻的境況。

認真說來，唐宜蓉不算美女，但是她容顏端正、舉止神態雍容穩重，尤其是開口時，閃出迷人酒窩，縱使她身邊還拖帶著小孩，還是有許多人，甘願拜倒在她石榴裙下。

只是，對凡間的庸情俗愛，她根本無意眷戀。因此，她拒絕了所有的追求者。

雖然，她的行為低調，自我約束甚嚴謹，但是卻無法抑制鄰居的閒言閒語。

外人的欺凌，她都可以忍受，唯獨自家人的不能諒解，讓她幾乎受不了！

還記得那是個陰雨霏霏的假日午後，她不必上班，正在教兒子功課時，母親阿雀突然來了，還跟了個陌生人。

說陌生，也不全然陌生，他姓王，單名旦，第一次見到王旦，是在阿雀家裡，第一次聽到他的名字，她無端閃出了腮邊酒窩……。

王旦？那他這一生不都完蛋了？他該跟他父母抗議，幹嘛取這麼爛的名字？每個人的心思都截然不同，阿雀看女兒淡笑，以為她對他印象不錯，整顆心都活絡起來。

王旦除了驚訝，更深深沉醉在她的酒窩裡……。

一踏入客廳，阿雀就自動自發的倒茶，請王旦坐，口中還不高不低的叨念：「我這女兒，你看，假日還要照顧孩子，一個人忙裡忙外，太累了！」

沒人答話，阿雀又接口：「我可急死了，將來我雙眼一閉，誰照顧她啊？早該找個伴喔！」

宜蓉渾身上下，幾乎都是黏膠，僅僅黏住了王旦兩顆眼珠子。

「媽！妳有什麼事？」宜蓉皺起眉心：「我正在教小強功課。」

「妳不需要這麼累呀！」阿雀轉向王旦：「瞧瞧！我這女兒長得不差，就是不知道打扮！」

「不！不！唐小姐長得國色天香，不必打扮，就是一等一的美女了。」

宜蓉眉峰皺得更緊，不發一語低頭看小強寫字。

「嗟！什麼唐小姐，又不是不認識，叫宜蓉！」阿雀接口。

聞言，王旦膽子都壯了，靠近去：「嘩！小強好厲害，寫的字，漂亮極了。」

小強高興的咧嘴一笑，宜蓉起身，藉故閃入廚房。

「小強啊！阿嬤看看……。」

在廚房磨蹭了好一會兒，宜蓉發現客廳忽然安靜下來，她好奇的步出客廳，赫！只剩下王旦一個人！

宜蓉輕鎖眉心：「媽！小強！」

「啊！阿雀姨帶他出去買糖。」

這樣就只剩下她跟他，實在很尷尬！

王旦可不這樣想，他要笑不笑的挪近、再挪近……。

「要不要茶？我再倒……。」宜蓉趁機起身。

「不！不！」王旦更快的伸手，按住宜蓉柔軟無骨的小手：「我只要跟妳說話。」

「請放開手！」宜蓉冷下臉。

「嘿！嘿！」王旦忙放開，搓搓手，看看，湊近鼻尖聞聞：「嗯！好香。」

宜蓉冷冷一瞥，一副有話快說的不耐表情。

「嘻！是這樣的，我呢！是單身，以前交過女朋友，現在是單身，我聽阿雀姨說，宜蓉小姐離婚了，我是不計較妳有小孩，我會善待小強，我想……。」

不等他說完，宜蓉「唬」一聲後起身，又惱又恨，惱的是王旦；恨的是母親！

「妳別走！別走！」王旦忙不迭的也站起：「我還沒說完，阿雀姨提出的三百萬，我沒問題，我還有房子……。」

「王先生！你不必說下去，請你走吧！我沒空。」

說完，宜蓉轉身欲走，王旦更快的跨前一步，一把抱住她，兩人拉扯間，大門外閃過一道人影……。

掙脫不開王旦，宜蓉抽出手，狠甩他一巴掌，王旦疼得鬆開手，宜蓉急忙奔進房，抖簌的上鎖，淚，不聽控的狂洩而下……。

「唉！乾脆找個人嫁了算了！」

「可不！我家那口子，幾乎天天注意她呢！這個小妖精，簡直是妖魔來化身！」

「妳們都不知道吧？我那天剛好有事去找她，就撞見她跟個男人摟摟抱抱，真是不像話！」

鄰居的閒言閒語沸沸騰騰，似風、如雨，吹得宜蓉站不住，淋得她傷痕累累。

終於決定搬家！

搬得了家，卻斷不了親情。隨著阿雀的來訪，風雨依然追著宜蓉而來。

她千般祈求、百般拒絕，阿雀卻以死相逼。

最後，沒辦法了，宜蓉才想到這一途……。

她跪在智者面前，聲淚俱下道：「我只有這條路可以走了，請您發慈悲，讓我……。」

「妳以為出家，就能解決一切嗎？」

「我……我正是這樣想，這不也是事實嗎？」

「錯了。」智者淡然回：「妳這是逃避！」

「我沒有啊！我只是選擇一條適合我的路……。」

「會想出家，妳應該有一點佛學基礎吧？」智者眼中盡是清湛光芒，直視著宜蓉。

「不敢。但是以前有接觸過……。」

「好！請問妳，何謂三法印？」

略想了想，宜蓉道：「**諸行無常，諸法無我，寂靜涅槃。**」

智者點點頭：「諸行無常，妳如何解釋？」

「解釋啊？依字面上說，就是……行，即是行為。無常，應該說……任何的行為，都常是變幻，不真實的。」宜蓉怯怯的反問：「這樣說，不知道對不對？」

智者接口：「嗯！行是造作，亦可說遷流之意。一切世間法，無時不在生住異滅中，念念生滅而無常。」

宜蓉眼光凝聚，認真的點點頭。

「妳的家人、鄰居，包括妳身邊所有的人，對妳所說的話、所做的事，就是世間法上的諸行，妳說對不對？」

宜蓉用力點頭：「是！沒錯。」

「這些事件，都在『生住異滅』中遷流不已。如果，妳的心念，不讓它所拘，那麼，它升起、亦將幻滅。於妳，有何礙？」

張著小嘴，宜蓉陷入深深的思慮中……，然後緩緩頷首。

「所以，重點是，妳，妳的心念！」

想了很久，宜蓉輕聲問：「那請問，我該怎麼辦？我還是想到清淨的道場修行啊！」

「如果，妳的心無法清淨，就算去道場，又有什麼用？」智者接著說：「何況，妳目前有重大的任務呀！」

「任務？」宜蓉訝然了。

「小強！這是妳最重要的任務。至少，也要等他成長到能自立。」

「喔！」

「照顧小強的期間，妳還是可以用功。就看妳自己如何找時間用功，或許，妳還可以感化小強。」

「啊！我知道了。謝謝您的指點。」

「哪裡，我只是善盡告知的責任，妳自己得養小強、還要應付外來的種種壓力，可能要辛苦些。」

「再辛苦，也得撐下去。」

智者點點頭，畢竟，人世間的種種患難，還得各人自己去面對啊！

智者的一首詩，送走了唐宜蓉：「**因緣所生皆無常，緣生緣滅顯真常；歡喜承擔如是果，勤修佛法心平常。**」

真正的慈悲

深深禮佛一拜後，黃老先生轉身，滿臉苦惱：「我發現學佛後，有許多煩惱。」

「喔！」智者湛清眼神望住黃老先生。

「懂得更深，煩惱更多。」

「嗯。」智者道：「你會這樣想，可見你有進步。」

「是嗎？不知道別人是否會這樣？」黃老先生雙眼黯然的又說：「不！沒有人比我煩惱更多啦！不可能。」

「可以說說你的煩惱嗎？」

「我的煩惱啊！就是我家的鬼！」

「鬼？」智者訝異極了。

原來，黃老先生夫婦育有一子一女，兒子早夭，女兒外嫁他鄉，二十年前，黃太太患了老人失智症，之後，她就是黃老先生沉重的包袱。

黃老先生得隨時隨地盯住太太，否則她會亂跑；要不就是亂抓東西，吞下肚；還時常會破壞家中物品、摔杯子……等等。

如果有事，或要出門，黃老先生會用鎖鏈鎖住太太，但太太的破壞力很強，黃老先生回來還得收拾東西，他反而更累。

總之，對她的種種破壞行為，他已經快招架不住了。

黃老先生原想送太太去療養院，可是，鄰居介紹他學佛後，他打消了這個念頭，他想用心好好照料太太，有時，甚至不敢用鎖鏈，或任由太太獨處。因為學佛不就是要慈悲嗎？慈悲怎可以對太太這樣？

就因為這份慈悲心，使黃老先生的顧忌愈加重，也使他更懊惱。隨著他逐漸老化的身體，照顧太太，成了無比沉重的負擔。

既無力照料，拋之又不行，黃老先生真的無法可想。

在他眼中，太太成了他心目中，最可恨、最可怕的鬼魅。

「我啊！被這隻鬼折磨得快倒下去了。放開她，我良心不安；不放開她，我得賠上我這條老命。我……已經心力交瘁了呀！」

長嘆聲中，顯示出黃老先生沉重的無奈。

「你錯了！」

「啊？我對我太太這樣，不是已經夠好、夠慈悲了？怎麼倒說我錯了？」

「你錯解慈悲的意義。」

黃老先生錯愕的緊望住智者。

「慈悲，要看你自己的能力。我舉個例，佈施是一件大功德事，但若有窮人想做功德，想捐錢佈施，他連吃飯都有問題，怎麼捐？如果他去偷、去搶、去騙，豈不反而叫他造業了？」

黃老先生愕然，似懂非懂的點點頭。

接著，智者開示了一段佛經故事……。

在一條船上，乘了五百位商人，要到外地做生意。另有一位盜賊，混在船上，準備趁機殺掉商人，搶劫財貨。其中，另有一位菩薩也同坐這條船，他看出這名盜賊的邪惡心思，便想：「雖然，殺人要犯重罪，可是我若不殺了這盜賊，他會殺了五百位商人……。」

一再考慮的結果，菩薩覺得犧牲自己犯重罪，可以挽救五百條人命，當下就決定要殺死盜賊。

說完故事，智者問黃老先生：「在這段故事裡，你看出來慈悲的真正涵義嗎？」

黃老先生認真想了想，終於點頭。

只聽智者接口說：「像你年紀大了，沒有照顧太太的能力，不妨送她去療養院，讓有能力的人照顧她。也許療養院比你照顧的更好，這對你和你太太，不是兩全其美嗎？」

「嗯！可……可是……。」黃老先生囁嚅地眨眨眼，他的死腦筋還是有點轉不過來。

智者接口：「你現在這樣，充滿了怨恨與不滿，勉強照顧你太太，結果你病倒了，太太也照顧不好，這不叫慈悲，這叫兩敗俱傷。」

黃老先生深有同感的點頭。因為，他可以感覺到自己已經撐不下去，就快病倒了。

「不管慈悲，還是想做任何事，重點是你首先要評估自己能力夠不夠，才有辦法談下去、做下去。」

智者的話，讓黃老先生知道，也決定該怎麼做。奇怪的是，心裡這麼一轉念，他心口上的重擔，頓然輕了許多。

智者淡笑的輕聲說：「**慈悲不是施捨與安慰，更不是同情和可憐，而是拔其貪、瞋、痴、無明之苦。**」

向智者深深一禮，黃老先生踏著輕快步伐，趕回家去了。

中邪

周媽媽小心翼翼的挪近女兒──周彩虹房間，再謹慎的由門縫往裡望……。

「在睡覺。」周媽媽想著。

她正要放下一顆懸著的心，忽然就在這時……。

平躺在床上的周彩虹，宛如裝了彈簧似，彈躍下床。害得周媽媽懸著的心，跟著跌宕。

房門乍然被拉開，周媽媽按住自己的胸口，若不這樣，她怕自己的心臟會蹦出來。

「彩虹！妳去哪？」

彩虹看似呆滯，手腕力道卻強勁，她甩掉周媽媽拉住她的手，一聲不吭，腳步不停，繼續往客廳走。

「彩虹她爸！快呀！快來拉住她！」周媽媽接著大聲嚷叫兩個兒子：「阿正！阿軍！快來幫忙！」

彩虹的爸在洗澡，弟弟阿軍已睡了，只有哥哥阿正跨出房來。

周媽媽氣急敗壞的嚷，要阿正抓住妹妹彩虹，阿正雙肩一聳，慢吞吞的。

因為慢，所以彩虹已走到大門口。

阿正看不對勁，一個箭步，衝上前，擋住大門。

彩虹低俯著頭，平板的開口：「讓開！」

阿正看看彩虹，似乎覺察不出妹妹哪裡怪，正在此時，周媽媽已衝近彩虹，揚聲道：「這麼晚了，妳要去哪？」

「有人找我。」

周媽媽和阿正對望一眼，周媽媽焦急的揚聲又問：「誰找妳？啊！都幾點了？別亂說，快回房睡覺去！」

彩虹不響，伸手打開門，就要往外走。

「阿正！把她拉回來呀！還杵著幹嘛？」周媽媽更大聲叫嚷。

「唉呦！或許真的有人找……。」

阿正聳肩，話說一半，彩虹已走出大門，去按電梯。

「快！快！快拉她回來，這幾天她都這樣……。」

「好啦！媽別急，我跟妹下去看看！」

阿正跟著彩虹跨入電梯，阿正趁機問：「誰找妳？有男朋友，就帶回來，媽不會反對妳。已經二十七歲了，成天窩在家裡，不好吧？」

電梯到了一樓，彩虹依然沉寂不說話，跨出電梯，往外走。阿正忍不住，拉住彩虹臂膀：「喂！我說了那麼多，妳都沒聽進去呀？」

「放開我！」彩虹道：「有人要打我，我現在就是要去讓人打！」

聽她這話，阿正愣住了，不覺放開手，只見彩虹走出外面，一屁股坐在大門外階梯上，一副等人的樣子。

後來，還是阿正強行把彩虹帶回家，安頓好彩虹後，周媽媽才告訴周爸和阿正，這幾天晚上，彩虹都這樣說：「有人要打她，她要出門去讓人打。」

「這事妳也不早講。」周爸爸蹙緊眉頭：「多久了？以前發生過這種事嗎？」

「彩虹是否跟人結怨？」阿正問。

「我……。」周媽媽搖著頭，雙眼泛紅：「我問她，她都不回答，我能怎樣？」

全家陷入一片沉默。不知過了多久，周爸忽然開口：「我想起來了，我一位朋友學佛多年，明天，我打個電話去，請他帶妳們去佛堂一趟。」

「嗯。」周媽媽忙不迭的點頭。

說實在話，怎麼看，彩虹都不像是病人，想帶她去看醫生，也不知道該看甚麼科。

聽完周媽媽的敘述，智者轉望彩虹，細細打量她……。

只見她臉色灰敗，眼神雖不至於渙散，但卻飄忽不定，還帶著濃濃疲憊態。

「您看，我女兒是不是卡到陰的？」周媽媽小聲問。

智者問道：「周小姐是不是有一段時間沒睡好？」

周媽媽急急點頭：「已經有一個禮拜左右。她晚上都整夜不睡覺，說有人要打她。」

「可以告訴我，她的工作狀況嗎？」智者又問。

原來，周彩虹在會計師事務所記帳，公司採責任制，所以壓力特別大，有時，工作到很晚才下班。

她沒有朋友，也沒有任何休閒娛樂，很少跟家人溝通，回家頂多看個漫畫，每天面對帳簿、數字，可以說是典型的宅女。

日子久了，她都快變成機械人，連腦袋都不靈光了。

積壓太久，加上最近失眠，她產生了幻聽。

智者綜合周彩虹的生活作息，再下論斷，周媽媽卻是不敢相信：「請問，我女兒真的不是中邪嗎？」

「如果時日太久，她可能就真的會中邪。幸好妳及早發現。」

「請問，我該怎麼做？」

「首先，她的作息一定要正常。也就是說，該睡時，要讓她睡，該吃飯，要讓她吃飯，睡覺前，教她念佛號，至少念十分鐘，有空時，可以讓她看看佛經。」

周媽媽一面點頭，一面反問：「呀！如果她不念呢？」

「妳就陪她念，或者妳可以念給她聽，這可以安定她的神經。」

接著，智者又求了一杯「大悲咒水」，讓周媽媽帶回去，每天睡覺前，給彩虹喝一小杯。

說實在話，周媽媽打心裡覺得半信半疑，因為，彩虹除了動作遲緩，眼光呆滯外，根本不像個病人。

只除了晚上不睡覺，說些奇怪的話，以及每天夜晚要跑出家門，讓她很煩。

過了三天，周媽媽又來了。

她來求「大悲咒水」，並告訴智者，彩虹情況好很多，晚上睡下後，就不會再跑出去，或說些什麼奇怪的話。

經過彩虹的事件後，周媽媽反而天天來佛堂上課，有時，她偶爾會求「大悲咒水」。

不過，智者告訴她「大悲咒水」不是救命仙丹，更重要的是彩虹生活作息要正常，還有心態要調適，別讓工作啃蝕她的心和意念，應該多找些朋友，或跟家人聊天、說話，或是到郊外散心。

山魅

呼——喝——嗚——！

還我……還給我……。

「啊——哇——。救命！救命！」

在陣陣驚叫聲中，林東山驚醒過來，他渾身都濕透……。

他四處望、尋找，房間就這一丁點大，完全找不出奇怪聲音來自哪裡。

這種情形，已經持續了幾天，每到夜裡十二點過後，陣陣奇怪的聲音，就會在林東山耳際響起，把他嚇醒過來。

他問過妻子春容，她卻毫無所覺。

因為這樣的困擾，讓林東山無法睡得安穩，還有，他的雙手不明原因的疼痛起來，一天比一天嚴重……。

因此，他生病了。

春容到佛堂處，稟告智者，說她先生無法來上課。

一個月後，林東山和春容一起來找智者。

智者看到林東山，也嚇一大跳，他整張臉暗沉又蠟黃，雙手則包綑的像木乃伊，動彈不得，連吃飯都要春容一口一口的餵食。

「這是怎回事？」智者問：「你怎麼病得這麼嚴重？」

林東山無奈的長嘆口氣，因為雙手腫痛，連帶整個人都不舒坦，睡也睡不好；吃也吃不下。

「實在是……沒辦法了！」春容接口說：「他前幾天就叨念著，要來見您。可是，醫生說要去換藥，換過藥，還是沒用！」

「唉！我這手。」林東山抬起雙手，疼得他眉頭深深皺緊，急忙又放下去：「換了三、四個醫生，不但沒醫好，反而愈來愈嚴重。」

「受傷了嗎？還是感染？」智者問：「多久了？」

「就一個月前，我來向您告假那天。」春容愁容滿面的說：「剛開始是手掌，後來，竟蔓延到下手臂，現在連上手臂都……唉！我很擔心，會不會……截肢？」

「妳不要烏鴉嘴，亂說話。」林東山急接口。

看他夫婦倆鬥嘴，智者不禁莞爾。

林東山看看智者，放低聲音說：

「不過，我一定要來找您，因為……。」說到這裡，東山赧然的低下頭：「幾位醫生都治不好，我更怕像春容說的要截肢，我就完了。」

智者點點頭，問林東山：「你是怎麼發病的？」

林東山頓頓，春容接口說：「剛開始，看不出手有什麼，但是他說他的手很痛。以為是發炎，或皮膚病之類的，就去西藥房買藥膏擦，哪知愈擦手愈紅腫。後來去看醫生，說是筋發炎，打針、吃藥，都沒用，幾天後，手腫得不像話。」

林東山嘆一口氣，接口說：「我另換一位醫師，照過X光，醫生說一切正常，打針、吃藥後，並沒有改善。」

「而且，愈來愈嚴重，也愈痛。」

沉寂一會兒，智者點點頭，說：「那，發病之前，你們去過哪？發生過什麼特別的事情？」

「沒……沒有……。」春容想了想。

林東山欲言又止的。

智者轉頭看東山，眼神盡是鼓勵。一會兒後，東山囁嚅的說：「手開始痛的前幾天夜裡，我睡到一半時，常聽到怪聲音……。」

接著，東山說起：「還我……還給我的恐怖驚叫聲。春容訝異極了，從沒聽東山說過這些事。」

智者緊盯住東山，又問：「聽到這聲音之前呢？去過哪？」

「就……種花……我種過幾盆盆栽……。」東山仔細想想，忽然驚呼道：

「啊！對了，我去過山上——就是上山去掃墓！」

「嗯！然後呢？」

「我那天忽然興起，挖了一些土，回來後，就放入盆栽內……。」

智者點頭，用力說：「問題就在這裡。」

東山和春容雙雙變臉。夫婦倆異口同聲問：「現在要怎麼辦？」

「把盆栽內的土，送回原地，然後，默禱、祈請山神原諒，就會沒事了。」

「就……就這樣？」東山幾乎結巴的問。

智者點頭，莞爾說：「去試試看吧！以後，到山上，不要亂挖土。」

說也奇怪，東山和春容依照智者說的做後，那隻手竟不藥而癒。

※註：這是一件真實的事件。

陰靈的憾聲

這一天，大法會莊嚴而隆重的進行。

呂阿妹因為母親才過世不久，未過七七四十九天，當然也報名參加超渡法會。

約過了一小時，呂阿妹想：「這樣祭拜一下，應該可以了，收下供品，早點回家吧！」

想罷，呂阿妹就收起桌上供品，轉身踏出會場。

未料，才剛走出兩步，她整個人，居然癱倒……。

旁邊有人看了，急忙扶住呂阿妹，轉入會場內，並請人打電話給一一九。

呂阿妹坐下，喝口茶。

不一會兒，她恢復了正常，其他人再投入誦經行列。

沒多久，一一九救護車來了，眾人致歉後，請車子回去，因為呂阿妹根本沒事啊！

過一會兒，呂阿妹覺得沒事了，便又拿起供品，準備回家去。誰知，才走出會場，她再度昏倒……。

就這樣，一而再再而三的連續昏倒三次。

最後，呂阿妹再被送進會場，她臉色暗沉、精神非常差。

這時，前面的智者，誦經告一段落，旁邊的侍者，悄悄向他說，呂阿妹不舒服。

「嗯！沒關係。你沾一下瓶子內的甘露水，向她彈三下。」

侍者依言，果然呂阿妹很快恢復了正常。

不過，她再也不敢任意踏出會場。直待到法會結束，連大蒙山也結束，大夥兒一塊吃晚餐時，才談起這件事……。

其中就有人去請問智者，這究竟是怎回事？

智者聽了，緩緩望一眼呂阿妹。說：「妳知道今天是什麼法會？」

「超渡法會。」呂阿妹小聲道。

智者點點頭，繼續說：「沒錯！這是超渡亡靈的法會，你母親應該也有來。依照程序，要先供佛、再變食，變食後，地獄、惡鬼等眾生才能吃。妳想，這些亡靈都還沒吃到食物，妳就要拿走供品，它們怎會讓妳走？」

智者一番話，聽得大眾都毛骨悚然。

眾人紛紛議論，這事真的太神奇，呂阿妹明明沒病，踏出會場，卻昏倒三次。

所以，智者說，冥界事不可不信，但是也不必太迷信。

總之，陽冥兩界要互相尊重。

※註：這是一件真實的事件，事件中的主人翁，現在仍活得好好的。家住在萬華。

不明之冤

這一天，學員蔡太太背著她的小女兒——蔡嫻來見智者。因為，事先蔡太太曾向智者說明，所以，智者已有心理準備。

蔡嫻只有十歲，其瘦無比，簡直像長腳蜘蛛，臉也變得很像蜘蛛，她完全沒有人的樣貌，看來很可怕。

據蔡太太說，蔡嫻小時候沒照顧好，發燒，導致細菌感染，可能傷及筋絡，幾乎全身癱瘓。

蔡嫻從來不出門，怕嚇到人，這次因為她感冒，蔡太太特意帶她來求大悲水。

蔡家的四樓，住了一位老太太，平常，她常跟蔡嫻說：「妳好可憐，這樣活著，真的很辛苦。這樣吧！我這一把年紀，早晚會死，如果我死了，我就來帶妳走，好嗎？」

被她這樣說，蔡嫻也覺得自己很可憐，很認同她的話。

蔡嫻十四歲那一年，四樓的老太太病了，病中，她一再跟蔡嫻說同樣的話，幾天後，她病歿了。

接著，蔡嫻就猛烈發高燒，吃藥、打針、看醫生，完全沒有用，蔡太太無計可施，只好去四樓，向老太太上香、祭拜，並向她說：「請她保佑蔡嫻身體健康。」

還求一香灰，回來泡開水，讓蔡嫻服下。

蔡嫻的燒退了，可是，這一天夜裡，蔡太太睡到一半，忽然聽到蔡嫻大呼小叫的，她連忙去看女兒。

「阿……阿婆……拉……我啦！」蔡嫻指著角落，不停顫抖。

蔡太太扭頭看周遭角落，皺起眉頭：「別亂說！安靜的睡覺。」

「我……沒騙妳……媽……媽。」

一向很少說話的蔡嫻，忽然說得相當流利，這讓蔡太太很訝異。

「趕快睡了。有事明天再說。」

「不……不行……，她說……來……來不及，她要拉我走……。」

蔡太太心裡又驚又怕，可又不能不信，她心中不禁默禱：「阿婆！妳也很疼阿嫻，請妳不要嚇她，請妳保佑她平安。拜託！拜託您！」

耶！奇怪的是，默禱完，蔡嫻忽然就安靜下來，還一下子就睡著了。

蔡太太以為沒事了，結果不到一個月，蔡嫻居然死了！

蔡太太很傷心，用一只紙箱，把蔡嫻裝在裡面，放在陽台上。

傷心了一段時間，遺體總是要處理，於是，蔡太太找了葬儀社的人來，又特別去請智者來誦經。

智者看到蔡嫻的遺體，她的眼睛、嘴巴都張得大大的，不肯閉上。

接著，智者替她誦經，做了一場法事後，他來到裝著蔡嫻的紙箱前，告訴她：「妳已經捨報了，就不要再留戀這世間。該走就要走。」

說著，智者伸手，掩上蔡嫻的眼睛和嘴巴。說也奇怪，她竟然就閉上了，據蔡太太說，她曾試圖掩住女兒的眼睛和嘴，卻總是無法讓她閉上。

就連葬儀社的人員看到了，也嘖嘖稱奇。

蔡嫻的奶奶直說：「啊！這麼厲害。」

後來，她奶奶開始天天念佛，還有一位葬儀社的人，也跑來皈依。

唯一目爾

有一段時日，智者外出，遊歷山川、古剎，到處參學，參學之際，遇到了許多不可思議的事件。

深林闃暗，冷風刺寒。

眼前情景，就像他寫的一首偈：「**山野行腳，林間歇息，渴飲甘泉，飢喫存糧；夜宿樹下，跏趺禪想，歷練身心，心性休養。**」

忽然，有微音傳入他耳際……，接著，一團不明物體，由闇而灰、而明、而亮……。

智者心口微驚，因為他的眼睛是閉著的呀！

這是幻象？他這樣告訴自己，然後，他張開眼，赫！

微亮的物體，就在前方不遠，逐漸擴大……！

幻象！他想起另一首偈：「**色依空住，空因色顯；色空無礙，人法自在。**」

他再次閉上眼，讓心澄靜……。

一陣微音圓潤，卻字字清晰的傳入他耳中：「嗯！哼！不錯嘛！定力夠。」

智者緩緩張眼。

這團微亮中，一位身軀雄偉，容貌莊嚴，華服絢爛，纓絡絲綵垂綴的人，就立定在眼前！

只見他張口，音量渾厚、圓潤的念道：「**色依空住，空因色顯；色空無礙，人法自在**。」

呃！念音抑揚頓挫，詩偈的意境，竟然展現無遺。

智者更驚訝了！

這是他寫的詩偈，剛才就念在自己心中，他、他怎會知道？

「請問您是？」

他手拂錦帽纓絡，神情倨傲的開口：「呵呵呵！瞧吾這身打扮，又能窺視汝心念，難道汝看不出吾的身分？」

「抱歉，請恕我眼拙。」智者再次請問他的身分。

「吾乃天人也！」

智者非常訝異，但面容依然一派平和。

「咦？汝不驚訝嗎？」

「是有點驚訝！」智者平實的說。

「吾看不出來汝驚訝的表情哩！」天人微忿：「或者說，汝應該特別恭迎吾到訪！畢竟，吾非普通人，更不是山魅、鬼怪！」

「喔？」智者緩緩說：「我唯一目爾，所看到的三界眾生，皆一視同仁！」

「哼！」天人頓然無語，但心中仍不平。決心考倒他：「吾雖非山魅、鬼怪，但只要手一動，亦可置汝於死地！」

智者輕輕頷首，回道：「法性本空，你可以死我色身，卻無能滅我法身！」

「什麼？」天人驚異道：「這個道理，汝也懂？」

請聽學人一偈：「**四大本無主，因心而名有；了道須心悟，悟了還歸無。**」果然不是普通的修行人。沉寂半晌，天人語氣微軟，反問：「以前，吾乃修行人，汝觀吾，悟道到何境界？」

智者望向天人紺青色的大眼，緩緩說：「相分、見分、自證分、證自證分。你是天人，證悟什麼境界，依自證分即可明了。」

「不！吾就要汝說。」

「是！您知道達摩祖師？」

天人用力點頭。

「達摩祖師著有『血脈論』。

血脈論謂：「**道本圓成，不用修証，道非聲色，微妙難見，如人飲水，冷暖自知。**」

天人紺青色眼睛，輕輕一眨，莊嚴容貌，瞭然的轉趨平和，向智者合掌一禮……。

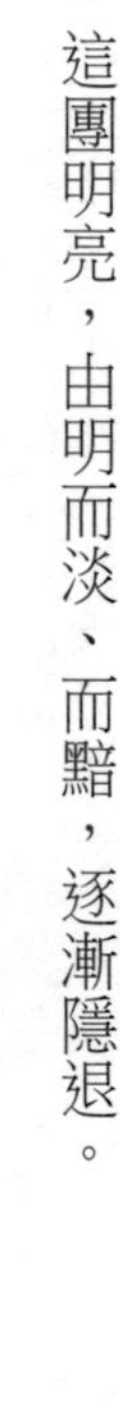
這團明亮，由明而淡、而黯，逐漸隱退。

暗夜嗥聲

「呼——喝——。」

灰濛濛的天際，傳來陣陣淒厲的風聲。

「呵呵呵——。」

風聲夾雜著似有若無、奇怪至極的聲音——應該說是嗥哭聲，比較恰當。

智者端坐著，依然眼觀鼻、鼻觀心，意念凝聚，勿使散亂……。

「十年生死兩茫茫，不思量，自難忘。千里孤墳，無處話淒涼。縱使相逢應不識，塵滿面，鬢如霜。」

智者的心，微微晃動……。

這是蘇軾一首有名的「江城子」。

只是傳來微弱的聲浪，卻停止了。智者輕而緩的續念道：「**夜來幽夢忽還鄉，小軒窗，正梳妝。相顧無言，惟有淚千行。料得年年腸斷處，明月夜，短松崗。**」

智者才念罷，忽地一聲鬼嗥，由遠而近，直衝至他面前的地上，緊接著，一團黑乎乎像是黑煙，翻滾著……翻滾著……。

「還不現出原形？」智者冷喝道。

終於，停住翻滾，一個人，匍匐在地，哀哀訴泣，傳來陣陣鬼嘷……。

「你是誰？有何事？」

「我，無名無姓，我有天大、不平的冤恨啊！」

「陽間有律；陰間有司，你不該在此出現。」

「如果真是這樣，我不會飄蕩這麼久！」

「因為你心存怨恨，讓你飄蕩無依。」

被道出心事，它倏地抬首，慘綠的眼睛，直勾勾盯緊智者。接著，它又發出鬼嘷……

不知過了多久……，等它平靜了，向智者懇求道：「求您救救我。」

「我沒這個能力。」

「您有！就憑您能念出江城子的下半闕。您一定要救救我。」

智者無言了，這什麼跟什麼？

「我啊！哎……我飄蕩了十幾年了我，卻始終擺脫不出這短松崗啊！」求求您。

「看它飄蕩無依，倒是真的很可憐。」智者心中喟嘆著，眾生愚癡啊！

江登平和簡英是一對論及婚嫁的情侶，但就在試穿婚紗的那個雨夜，江登平發生車禍死了！

簡英哭得死去活來，十多年的深厚感情呀！上天竟然開了他倆這一個大玩笑！

那段日子，簡英都快瘋掉了，她匍匐在江登平扭曲傷殘的身上，還有在他的靈堂，不斷、不斷的泣訴，要跟他生同衾、死同穴，此生，除了他江家，她誓不嫁做他人婦！

簡英哀淒的泣聲，字字如刃、聲聲似劍，讓江登平亡故了的心，碎成片片，更使它因而無法去它該去的地方，它割捨不下，離不開它的墳塚，時時盼、天天望，就是盼望簡英來探望牠。

剛開始，簡英是天天來，一來就叨念不休，絮絮的跟它述說她的思念，牠聽得心慟不已，曾動了個念頭：「不如、不如，帶她來它的世界吧！」

之後，來的次數，逐漸減少、減少。三年後，她就沒來了。

然後，有一天，簡英又來了，身邊多了位英俊、帥氣的男生。

簡英向江登平默禱：「登平，他叫XX，他說人死不能復生，他很同情我的專情，他願意照顧我。登平，你一定也希望我過得快樂，對不對？請你保佑我們兩個！」

啊！這又是一個天大的玩笑！

臨死前的那一幕，還有簡英向它一再重複泣訴的話語，是深刻的烙印，它無法接受眼前現況！

於是，這天，它跟隨簡英回去，它不顧冥律、不計會遭受什麼更嚴重的傷害後果，它現身在簡英面前，求跟它到它的世界。

簡英嚇得昏厥了，就在這時，那位英俊的男生出現了，它這才發現，原來，他倆已經住在一起了！

這是一個更大、更無情的玩笑！

妒恨使它差點魂飛魄散，後來，它再去找簡英，不意，她已搬走了！

天理何在？公道何存？

什麼是「情」？都是騙人的！都是謊言！

鬼嗥，持續淒厲，而那團黑乎乎也持續翻滾著……翻滾著……，這顯示出它有多不甘心呀！

智者輕搖搖頭，長嘆一聲：「唉！既然明白是謊言、是騙人的，為什麼，你到現在還願意受騙？」

翻滾著的黑影，乍然停住，盯緊智者：「我哪有願意受騙？」

「不然呢？你依然充滿了憤恨、不滿，還在這騙局裡翻滾啊！」

「我……我……有嗎？」

「如果沒有，你何至於還在這短松崗上打轉？」

它突然靜止，墮入深思中……。

智者看看它，點著頭，接口道：「請認真的想想看，如果你心中，真的已經沒有絲毫怨恨，那麼，你就海闊天空，自由自在，短松崗也困不住你呀！」

深思、再深思……，然後，黑乎乎慢慢轉變成清淡。最後，淡出一個人影，雖然模糊，五官可辨。

它向智者頂禮揖拜，拜下的影子，也逐漸消失……。

難調難伏

「簾外雨潺潺，春意闌珊，羅衾不耐五更寒，夢裡不知身是客，一晌貪歡。」

智者知道，這是李昱，李後主的詞，調寄：「浪淘沙。」

只是在這山居的庭院，昏暗而寂寥，會有誰吟詞？

他思緒尚未轉罷，吟詞聲再響……。

接著，每休息一會兒，吟詞聲總是重複再響……。

一首偈，淡淡浮起在智者腦海中：「**識取色空，生佛一同；見色聞聲，絕相超宗。**」

所以，佛來佛斬；魔來魔斬，何況是區區的聲音？

智者依然靜坐如故。

忽然，面前傳來低沉的「吁噓……」聲，智者緩緩睜開眼。

一個女人立定在智者面前，而且她雙手捧著兩束花，面含微笑，作狀欲獻花。

「放下吧！」

女人聞言，放下左手的一束花。

智者又開口道：「放下吧！」

女人又放下右手上的一束花。

只聽智者又說道：「放下吧！」

女人俏臉大怔，掩口，軟聲軟語的說：「唉唷！兩束花都放下了，我現在雙手是空的，你還要我放下什麼？」

智者輕聲道：「我是要妳放下外六塵、內六根、中六識，全都捨卻到無可捨處，這才是妳放身命處啊！」

女人驀地臉現驚容，張大了雙手，剎時，她的形影，恍如空氣般，消褪無形……。

不一會兒，一團影子匍匐在地上，陣陣哭泣聲響起，隨著哭泣聲，她又吟起方才那首「浪淘沙」。

她吟罷，智者接口念出也是李昱的詞，也是調寄「浪淘沙」：「**往事只堪哀，對景難排……。**」

這只是前兩句，但是她聽了，哭泣聲更哀戚、更淒厲、更傷懷……，心中的痛，只有她自己明白。

「妳……起來吧！」智者說道。

「不！您要答應我的請求，我才要起來。」

智者輕輕頷首，說：「妳過去世，在家修行修得很好，知道許多佛理，也懂得業力難違，哪能強人所難？況且，依我單薄的力量，更不可能圓妳所望。」

女人驚訝的抬頭，同時立起身，恭謹的說：「您還知道我的過去世，可見您有這個力量，求求您……。」

端莊又漂亮、溫柔的王美姬，出生在富有的家庭裡，長大順利嫁給公司小開的先生。

婚後，王美姬一面打理家庭；一面天天拜佛誦經、看經典，日子過得平順而安詳。

但，隨著大環境的經濟不景氣，先生的公司受到影響，業務日下，偶然的機遇，王美姬發現自己也有力量幫忙先生，這一發現，讓王美姬欣喜不已。

她在經濟上，更是不遺餘力的幫忙，甚至不惜運用任何手段，只要讓先生的公司，能上軌道，或者能增加更多的資產，她都在所不惜。

她還回娘家請求幫忙，但是，一次次的借貸，都沒有還娘家，父母氣得病倒了，她哥哥和弟弟都發誓，跟她拒絕往來。

此刻，她忘了學佛的宗旨，更忘了佛經上常說的道理、因果。

後來，她轉向朋友、鄰居借貸，終於因為吸金上億，被告犯案，鋃鐺入獄！

她先生來看過她一次，只告訴她，公司資金還是很吃緊，就沒再來探望她。在獄中，她很納悶，所吸之金，全都交給先生運用，難道這些錢還不夠嗎？最後，王美姬因憂鬱而生病，死在獄中。她先生始終不見人影，是讓慈善機關出錢料理她的後事。

一縷芳魂，飄飄渺渺的飄回到家，家已人去樓空，她依然無法知道先生的情況，是因債務惹麻煩？或是遭人殺害？還是其他因素跑路？

一切無從知道，偏偏她又擔心先生，還是希望能幫先生的忙……，這意念，至死不渝啊！

智者只是靜靜望著她，她幽戚戚的問道：「我只想知道我先生的近況，還有，請您幫忙我，我願意幫他解決困難。」

智者搖搖頭，不語……。

「求求您……。」

「妳還是不能從『只堪哀』的往事中，省悟過來？」智者瞪大雙眼：「虧妳生前拜佛誦經、看經典，這些難道都不能讓妳啟悟？」

她剎那間停頓住，不動也不言……。

「知道業力嗎？大聖者佛陀都說過，業力難違，妳就能扭轉妳、或妳先生的業力？」頓頓，智者又問：「知道八風嗎？」

她輕輕點頭。

「利、衰、毀、譽、稱、譏、苦、樂。妳犯了至少犯了三樣以上，難怪妳從生前被八風吹到死後，現在還再飄流啊！」

她乍然頓悟似地，身軀微微抖顫著。智者的話，是針，刺得她無法承受；是劍，斬盡她始終無法割捨的情緣。

眾生愚痴！智者在心中嘆了口氣，接口道：「奉送妳一句，**夢裡明明有六趣，覺後空空無大千。**希望妳能早早覺悟！」

聽聞罷，她的幻影消弭無形……。

究竟她能否早早覺悟，智者也不知道，畢竟，六道的剛強眾生，難調難伏啊！

佛性

「嗚——呼——。嗚——呼——。」

陣陣淒厲動物的哀號聲，劃破夜空，傳入耳際……。

智者有點納悶，不過，他的例行功課已經完成，這便關窗，準備就寢。

「不……不要……關。」

智者聞聲，手上動作停住了，他探頭往外望……。

窗外，一團黑乎乎的物體，凝聚成幻影……，呀！那是一隻動物！

「你……是你跟我說話？」智者怪問道。

「嗚——呼——。」先是傳來怪聲，動物影子，應該是頭的部份，點了點頭。

「你……能說話？」

動物影子又點了點頭。

「既能說話，何不現出原形來？」

倏忽間，動物影子變成三、四倍大，頭部的影子轉向智者，兩顆眼球，魆黑洞洞般盯住智者。

「你……不怕……我？」

「怕？為什麼要怕你？」

「因為……我是……鬼怪……。」

「鬼怪亦是六道眾生，有什麼好怕？」

「啊呵呵……，果然……不是……一般人。」

「不！六道眾生中，我也只是一般凡夫而已。」

智者話罷，動物影子聽聞此語，驀地縮小——像剛才般大小。而且，它前兩肢朝智者一拱：「請……替我……解迷。」

「解迷不敢，如果我知道的，當盡我力量回答你。」

「唉！」

長長嘆了一聲，牠陸續說出……。

原來，前幾世它曾是人，也接觸過佛法，但都只是表面化，並不深入。不過，曾經聽聞過佛法的它，心中很不甘，也就是說，它心裡充滿了怨恨。但又找不到可以解它迷惑的人。

「因為……看到我的人，幾乎都嚇得半死……要不，就是逃之夭夭。嘿嘿！」

「你看來很得意喔？」

「唉……膽小的人，總會讓我得意一下下。呼……長時間這樣流浪，我……也不好過，很痛苦……。」

「你應該走你的路，何必流浪？」

「我……不甘心，我……恨啦！」

「那，你恨什麼呢？」

「佛經有這一句：眾生皆有佛性嗎？」

「是！」智者點點頭。

「我……是狗，我……也有佛性嘍？」

「沒有！」

「哇！為什麼？」

淒厲的狗哀號聲，劃破天際，真的嚇人。

「因為，你有業識！」

狗影頓然無聲……。久久……久久……，牠惘然若失的低聲：「那……我……我……沒有佛性了？」

「有！」

「啊？」狗影黑魆魆的雙眼，爆出光芒：「如果……我有……佛性，為什麼……我會投胎成……狗？」

「因為，你明知故犯。」

狗影靜默許久……，它不安的晃動著，智者輕緩地開口：「犯了什麼？做了什麼？你自己心中應該很清楚。」

「我……？」

『菩薩畏因，凡夫畏果。』佛經講究因果，你難道沒有聽過這兩個字嗎？」

「啊！我……我明白了……。」狗影狂哮著，逐漸縮……縮……縮小，終至消失不見。

無生法忍

學員游思齊帶著她女兒——游月鳳來見智者。

游月鳳年約二十五、六，長得清秀，表面看來，她一切正常，可是神容青灰，眼神更透出濃濃的邪氣。

智者不動聲色，請他父女倆坐，淡然問道：「今天不必上班？」

「是，我和月鳳都請假，有點問題，想請您幫忙。」

「請說。」

游思齊談起這事，不禁鎖緊眉心，絮絮道出……。

游月鳳上、下班時，會經過一座荒廢的宅院。這座宅院，游思齊也知道，屋主姓陳，原本跟建商商量要建大樓，後來不知什麼原因，沒談下去，任憑宅院荒廢，雜草叢生。

有一天，游月鳳下班回來，手上捧著一株紫色的薰衣草，草根還有一撮泥土，一進家門，就找空盆，說要種花。

這些事，游思齊是事後才知道的。

就這樣，薰衣草被養在月鳳房間的窗邊書桌上。

過了大約一個月左右，月鳳媽媽告訴思齊，說女兒有點奇怪。

「怎麼奇怪？」思齊問。

「好幾次，我半夜起來如廁，月鳳房間的燈亮著，我想去敲門，叫她早點睡。可是，我走近門口，燈就熄了。」

「喔！可能她剛好準備睡覺了吧！」

「可是，已經好幾次了。」

思齊不以為意，月鳳不是小孩子，何必管太多？他只輕描淡寫的告訴月鳳，別熬夜，對身體不好。

接著，月鳳的下班時間，開始不準時。回來時，往往會攜帶著餅乾、糖果，甚至水果。

媽媽問她：「幹嘛買這些東西？」她記得以前月鳳很少吃零嘴，因為怕肥。

媽媽的話，月鳳不以為意，還有變本加厲的趨向。甚至有時候，會帶著花束，花很貴的，月鳳的零用錢因此不夠用，常要向媽媽借。

媽媽問她：「到底怎回事？」月鳳也不說，接著月鳳的行徑開始怪異。

不只是神情、動作、習性，連她的日常生活都改變了很多。問她又不說，媽媽只好來個下下策，就是跟蹤。

媽媽選了個日子，偷偷等在月鳳公司前，等月鳳下班了，她一路尾隨著月鳳。

只見月鳳先去買一束花、一籃水果，然後她臉現欣喜之色，往回家路上走。走到荒廢宅院前，月鳳忽然左右看看，媽媽嚇一跳，急忙躲入一棵樹後面。

接著，月鳳走進宅院破落的木門，往右而去。

說真的，這裡雜草叢生，陰陰鬱鬱的，加上太陽西下，又吹來幾陣冷風，樹影娑婆，媽媽心裡很毛，可又無可奈何。

路的盡頭，有一塊畸零的大石塊，石塊前有個低、矮的簡單供桌。

月鳳把花束、水果放在供桌上，虔誠的跪拜下去，然後，雙手合十，靜默著……。

風又沙沙的響起來，憑添幾許恐怖氣氛。媽媽忍不住了，她上前，用力抓起月鳳臂膀，揚聲道：「妳在幹什麼？趕快跟我回去！」

「啊！媽！媽！妳幹嘛啦？嚇了我一跳。」

「妳才嚇我一大跳，回去！這什麼鬼地方？啊？妳真是胡來。」

月鳳甩開媽媽的手，憤怒的大聲道：「妳破壞了我的好事妳知不知道？」

「好！就算我錯了，跟我回去再說！啊！」

月鳳不願意，媽媽跟她拉扯了很久，才不情不願的回去了。

回家後，月鳳活靈活現的告訴父母，她桌上的薰衣草就是從石塊邊挖回去的，挖回去後，祂就開始出現了。祂不斷告訴月鳳，說祂是有神通、有感應的神祇，祂可以實現她所有的願望，之前有一次，月鳳聽祂的指引，去買了一張彩券，結果中了五千塊，這次，祂告訴月鳳，說她的真命天子已經快出現了，一定要把握住……。

游思齊聽了，當然不相信月鳳的話，想盡辦法，不讓女兒再去宅院。

但是，腳長在月鳳身上，思齊夫婦倆怎可能禁止得了她？

奇怪的是，月鳳還可以去上班，也就是說，她去上班時，一切都很正常。只有在家裡，會有怪異的舉動。

她常常會對著薰衣草喃喃自語；有時還會朝空中舉高雙手，跪拜下去……。

據她說，神祇已經到家裡來了，要來幫助她。

媽媽把薰衣草盆栽丟掉，可是月鳳的行徑還是照樣，思齊兩夫婦都不知道該怎麼辦。

「我曾聽說過，遇到這種事，要儘早解決，拖太久不好？」

「嗯！」智者點點頭，仔細端詳著月鳳。

「請問現在有辦法嗎？我女兒……還有救嗎？」思齊皺緊眉心。

「我又沒有怎樣！什麼有救、沒救？」月鳳突然出聲。

「明天早上，早一點來找我，我們一起去荒宅。」

「啊！」思齊嚇一跳似，聲音不覺高揚。

「凡事，必須從根源去尋找呀！怎麼？你怕？」

「不！有您出面，我……怎會怕？」思齊咂著嘴，勉強搖頭：「那就明早見了。」

智者點點頭。

「對了！我女兒要不要來？」

「都可以。隨你便。」

次日一大早，思齊開著車，來載智者，一起往荒廢宅院而去。

依照月鳳媽媽所敘述，進了破落的木門，往右一條草徑，草徑末端有一塊畸零的大石塊，石塊前，果然有個低矮的簡單供桌，可以看得出來，這張供桌，應該是月鳳弄的。

涼風沙沙，樹影婆娑，陰冷氣息，讓思齊身上起了雞皮疙瘩，他看著安詳的智者，心裡平復了些。

智者順著大石塊，繞走一圈，然後，停在供桌前，敲了三下，揚聲道：「咄！

只是泥石、破木合成，聖從何來？靈從何起？怎麼可以如此迷惑人呢？」

話罷，智者又敲三下供桌，供桌倏地傾破、歪斜。

然後，智者又讓思齊開車，載他回來。

「請問，這……這樣就可以了？」臨走前，思齊忐忑的問智者。

「嗯！你回去看妳女兒，若無任何異狀，就是沒事了。」智者淡淡說。

當天夜裡，智者準備就寢，忽然一個穿著青衣、戴著峨冠的人，出現在前，竟向智者拜了下去。

「你是誰呀？」

「我本是依附在大宅院內，大石頭的小神靈。今蒙智者說無生法，而得解脫，特來拜謝智者。」

「我不敢居功。這是你本有之性，並不是我強言所能得的呀！」

小神靈再次向智者拜謝，接著消弭於無形……。

過了幾天，游思齊領著妻子和游月鳳來拜謝智者，說他女兒已經恢復了原狀。

智者淡然一笑。游思齊不解的反問：「請問，您向那塊石頭，敲了六下，我女兒就好了，學生不懂這是怎回事？」

「你記得我向石頭說什麼嗎？」

游思齊想了想，輕輕念出：「您說……只是泥石、破木合成，聖從何來？靈從何起？怎麼可以如此迷惑人？」

「嗯！」智者點點頭，接口反問：「上課時，我說過的『**無生**』，你怎麼解釋？」

「我……只記得您說：無生法忍。」游思齊搔搔頭。

「無生，要從『有』去突破。大石頭的祂，因為迷於有，迷於供養，別說迷惑人，祂自己也受惑了。現在，祂已經知曉『無生法』，也解脫了！」

「啊！是喔！」

事實上，游思齊並沒有真正的懂，只是女兒恢復正常了，這才重要哩！

曲徑通幽道，
禪房草木深，
心中不種無名草，
性地常開智慧花。

智慧

三界：欲界、色界、無色界。
六道：天、人、阿修羅、畜生、餓鬼、地獄

悟盡世間煩惱，一切當下自在。

法無定法

悠揚、整齊的誦經聲，配合著梵唄，響徹天空，莊嚴而肅穆。

法會結束後，大夥兒忙著收拾供桌、椅子、器具……等等。

這是一場成功的法會，眾人心裡都充滿了法喜，所以，收拾工作時，心中盡是滿滿的欣然感觸。

「咦！師兄！你弄錯了！」美蓮揚聲道。

被稱師兄的德發，正把第三張桌子，移到牆邊。

「師兄！你弄錯了！」美蓮急忙的擋住桌子：「這張應該排在最後面那邊。」

「為什麼？我記得這張就是旁邊……。」

「不對！我做過記號，喏！這張桌子……。」

就這樣，兩人相持不下。一個堅持擺在最後；一個執意要放在牆邊。

大眾全都看傻眼，靜待一旁，看兩人互爭……。

終於，有人去向他報告。他走近兩人，清澈眼神看了桌子一眼，又轉望眾人……。

這時，其中有一位開口道：「嗯……，無諍即是戒嘛！」

他點頭道：「對！」

又有另一個人說：「不要執著啦！」

他說道：「你也對！」

美蓮和德發無言的望著桌子，不知兩人心裡有什麼想法，眾人也無語。

他微微頷首，丟下一句話：「**法無定法！**」

說完後，他下樓去了。

美蓮和德發等他下樓後一會兒，竟然又爭論起來。

另外一位叫陳吉的，看不下去了，他有點煩，因而大聲說道：「好了！你們不要再爭論了！『法無定法』說得還不夠透澈嗎？」

說完，陳吉也下樓去了。

但是，美蓮和德發，還是繼續爭論，堅持己見。

下樓之後，陳吉向他說出樓上兩人繼續爭論，他則得意的說出自己向兩人道出的話。

聽完，他淡然莞爾道：「你也對。」

不久，大眾集合到齊，他向眾人開示道：「以前上課，我曾經向你們說過——**我**。什麼叫『我』？就是我執，每個人都有我執，如何在我執中，放下我，這就是修行！所以，修行不是念念經文、盤腿靜坐。修行要落實於日常生活中。事實上，不說話的桌子，放哪邊都一樣。但是，因為有我，因為有主見，因為堅持，就變得有爭執了。例如：一位不識字的人，要他明白『般若經』，或是『楞嚴經』的內容，應該不容易。但如果教他老實念佛，專心一意，或許他就做得到。又如一位知識份子，有興趣專研經典，你要他老實念佛，也許他會覺得無趣。這一切都只因為——我，而每個人的『我』都不一樣，這關係到個人的習性、內在思緒、成長的環境，以及他所需要的……等等。所以看法、想法，以至於表現出來的，當然也不同。

正確的說，所謂『我』是最複雜的。另外，有一段公案，可以確切說明「法無定法」。六祖慧能大師，曾向神秀大師門人志誠開示道：『無一法可得，方能建立萬法，若解此意，亦名佛身，亦名菩提涅槃，亦名解脫知見。』所以『**法無定法**』！」

他的一番解釋，眾人更易懂，也更信服了。

末了，他寫下一句偈：「**法無定法，心無定處，應病與藥，開示悟入。**」

靜與定

風和日麗的好日子，眾人在領隊——許先生的帶領下，乘坐一輛大型巴士，一路南下。

司機先生是位經驗老到的好手，車子奔馳在高速公路上，相當平穩而舒適。領隊許先生當場稱讚司機，說：「你技術這麼好，車子開得這麼專注又平穩，這裡面，就有『定』的功夫嘍！」

司機高興的笑了。

到了目的地，眾人留宿在寺院內，許先生另外安排司機晚餐、住宿等事宜。次日，參訪完畢，司機再來寺院，載眾人回北部。

一路平安回到北部後，許先生依照慣例，給司機小費。

想不到，就因為司機嫌小費給的太少，當場跟許先生翻臉，而且兩人竟吵了起來。

這趟尚稱完美的參訪寺院之旅，因此留下深深的遺憾！

聽完許先生的敘述，智者淡然一笑，道：「應該說，這位司機的開車經驗很豐富，加上他的專心，所以車子開得平穩，這跟『定』不一樣！」

許先生赧然低下頭，道：「這不該說『定』嗎？請問，『定』的真正涵義，是什麼？」

「看你用什麼角度來詮釋，若以佛教立場而言，『定』就是所謂『戒定慧』。住於一境而不散亂，謂之『定』。」

許先生點點頭。只聽智者又接口：「常有人把『定』和『專注』混為一談。事實上，戒定慧裡面的定，有佛法的內涵。這跟世間上的『專注』不一樣。千萬別錯用了。」

「不一樣啊？」許先生沉思後問。

「所謂，有佛法內涵的解釋，應該說先由專注而靜，後定。『心定不亂，意靜謐深，念止粗精』。」

許先生用力的點頭，之前，他跟一般人一樣，往往錯認「定」與「專注」的涵義是一樣的，現在，他能理解了。

智者隨口念出一偈：「**無諍即是戒，根塵相觸時，戒在心念不衝動。定在心念不受亂。慧在心念不迷惑。**」

利用

王志銘考入一家公司，他很高興，在這百業蕭條的時代，能擠入這家有規模的公司，算是幸運的了。

開始上班後，就有一位資深同事，向新進的王志銘說道：

「你剛進來，不知道，不管什麼行業，只有一個訣竅，就是要跟對人，才有機會。」

「有機會？什麼機會？」王志銘呆愣的問。

「唉唷！你還真愣耶！」資深同事瞪王志銘一眼，聲音更低：「就是升遷、前途等等的呀？」

「我……還是不懂？」升遷、前途跟「跟對人」有啥關係？

「我乾脆明說了吧！就是『利用』主管的權勢，你可以升得很快。懂不？」

王志銘聽了，心裡更加忐忑不安，跟對人？跟誰啊？誰又知道誰該跟？誰不該跟？這有得選擇嗎？

剛好有個機緣，王志銘遇到了他——一位有修行的睿智者，於是，王志銘向他說出同事說的話，還有心中的忐忑。

他聽了，淡笑道：「跟對人的意思，就是存有『利用』的意思。因為你想利用對方，讓自己進階。對不對？」

王志銘猛點頭，記得資深同事正是這樣說的，他不禁對睿智的修行者敬佩萬分。

「如果換個說法，你對帶你的主管，心存感恩之心，是否又是不同的解釋？因為你心存感恩之心，虛心學習、努力勤勞，你想主管會不會提拔你？」

王志銘更用力的點頭。

「所以，事情不在跟對人否，而是在於你自己，對這份工作，盡了多少心。」

「啊！您說的，我懂了。」

接著，他舉了個例子：那已是前幾年的事了……。

林家賓加入他的修行行列，起初，林家賓學得很勤快，態度也很謙虛，所有裡面的學員，對林家賓印象很好。

過了一段時間之後，林家賓開始拿出他的香——大夥兒這才知道，原來他的本業，是販賣香！

然後，他向學員們推銷他的香，他說得天花亂墜，說點了他的香，靜坐或看經文時，容易靜下心，會身心舒暢，也更會開竅……等等。

有的學員，會向他買；有的學員不相信，就沒有買。可能因為這樣，林家賓跟幾位學員鬧得不愉快。

內容到底怎樣，他完全不知道。有一天，一位學員趁四下無人時，悄悄向他說道：「師父！有某人說，他是因為要利用您，才來親近您！」

他看了學員一眼，不答腔。

「師父，您知道是誰嗎？就是剛來的林家賓！」

「哦？是嗎？」

「您……師父您不生氣嗎？我都快聽不下去了！哪有這麼可惡的人？說這樣的話，真的太過分！」學員忿忿的提高了聲音。

他淡然笑道：「既是為利用『我』，才要親近『我』。那就表示『我』還能有被利用的價值嘍！那就是說，『我』還有用呀！」

聽完這話，這位學員反倒無話可說。過了幾天，學員又來找他，向他深深一拜：「師父！我回去想了很多天，覺得您很偉大，氣度很廣博。人家想利用您，您居然可以不生氣。」

事實上，這位學員只知其一，卻不知其二。

他所強調的，是『我執』！

走筆至此，不知各位看了，有何感想？

世出世間

剛開始學佛，憑著一股熱忱的李德生，很努力，遇有任何問題，都會馬上發問，直到了解問題為止。

誰知，不到三個月時間，李德生忽然銷聲匿跡，不但不見他人影，連電話都打不通。這樣沉隱了約兩個月，一天，李德生忽然來造訪他——智者。

「這陣子，怎麼不見你來？」

「呵呵……。」李德生乾笑幾聲：「我呀！前幾個月『出世間』去了。現在，我又『入世間』來了。」

他聽得一頭霧水，反問李德生：「你說什麼？」

「出世間、入世間啊！」李德生說：「因為我躲起來，不想跟世間人打混，所以是『出世間』。現在，我又回到這個花花世界，所以我又『入世間』來了。」

他聽了，不禁莞爾。

「你不但誤解佛法，更錯用佛教名詞。」他正色說道。

「啊？是嗎？我真不懂了，請您說明。」李德生囁嚅的放低聲音。

「有出有入；有對有錯；有去有來，都不是佛法。至於佛教名詞，只有『出世間』這句，沒有『入世間』這句說法。」

「啊！是哦？我以為……。」

「事實上，不只是你，很多人，往往錯用了名詞。」

接著，他替李德生上了一課。

「世」的解釋，是遷流、破壞、覆真之意。

「世間法」，據佛學辭典的解釋：「三界所有之有情、非情，因自惑業之因緣而生，都是有漏、無常。也可以說，所謂『世間法』，即四聖諦中的苦、集二諦。就因為『世間法』是集、苦，不圓滿，所以我們要修行，達到『出世間』。正確的解釋：世指我們所住的一般世間。出世間指來自於我們所住世間的不圓滿，所以要修行，修貪、瞋、痴、起心動念……等等，種種相對的執著、惡習，以出離世間。佛典裡，有『世出世間』這名詞。它的解釋，是指二聖。世，乃謂人、天；出世間，即指菩薩、緣覺、聲聞。另外，有佛學名詞『入住出三心』，這是指菩薩階位之十地。菩薩階位，各有入、住、出之三位：入其地位、居其地位、出其地位而進入次之地位也。」

聽他說得簡單，李德生可是一頭霧水。不過，李德生卻聽得很用心。他知道，回去後，可要好好研究，否則，錯用佛學名詞，就枉費他這段學佛的時間了。

智者輕聲念道：「**大悲無量心，方便有多門；乘願入世間，願滿登妙域。**」

天堂與地獄

邱文華面對工作變遷問題，拿不定主意。

如果想保住工作，勢必得到外地去。到外地去，就無法兼顧家裡。他已經煩惱了兩個禮拜。

這天，邱文華硬邀好友劉銘跟他一塊來見他，想向他請示。

他以精闢的說法，分析許多情況給邱文華聽，聽罷，邱文華欣然的向他一禮，感謝他的指點。

兩人說話告一段落，他轉望劉銘，劉銘尷尬的笑笑，不語。

邱文華望著劉銘，接口說：「既然來了，你有問題，也可以提出來。」

劉銘立刻回：「我怎會有問題？」

「例如：學佛上？家庭上？事業上……等等，都可以問啊！」邱文華倒很熱心：「你知道，這機緣很難得，就是想問，還得看……。」

「學佛？」劉銘因意外，聲音高了幾分貝：「怎麼可能？我向來不相信什麼『天堂地獄』之類的說法。天堂在哪？地獄在哪？誰看到了？」

「唉！你……。」邱文華尷尬的看他一眼。

他低垂著雙眼，不發一語。

「謝啦！我沒問題！我現在過得很好。」劉銘信心滿滿，雙手一攤，道：「你也知道，我事業順利，家庭和樂，剛生一對雙胞胎，可愛又逗人，我會有什麼問題呢？」

「這倒是真的，他事業很好，不像我……。」邱文華接口說。

他淡淡的笑了，送走邱文華兩人時，淡淡的說道：「隨時歡迎你們來。」

幾年後的一天，忽然有人敲門，開門後他微愣，眼前這名男子，不但落魄，還渾身汙穢，但卻似曾相識……。

「您……您忘了我吧？」男子靦腆的搔搔後腦說道。

「先請進來再說。」

「我是……劉銘！多年前，跟邱文華一起來的劉銘。」

他想起來了，點點頭。劉銘放低聲音：「您說過，隨時歡迎我們來……。」

他再次點頭。是說過這樣的話，但想不到，這麼快就再見到他。

沉默好一會兒，他打破沉寂：「有什麼事？請說。」

接著，劉銘談起他這幾年的際遇。

事業一帆風順，他想擴充店面，不料擴充後，卻一再虧損，他不相信，繼續硬撐，因而累積了許多債務，讓他不得不向地下錢莊借錢。

所謂一步錯，步步皆錯，想回頭，一切已經晚了。

他曾經被圍毆，為了逃避錢莊的追討，他到處躲逃……。他眼泛淚光，哽咽道：「我……不知道為什麼……變成這樣……我……哪裡錯了？我……真的不甘心……。」

「記得你說過，不相信天堂、地獄？」

劉銘俯下頭。

「幾年前，你過得意氣風發，那不就是天堂嗎？現在，你的日子，是否有如地獄般？」

「啊！」驀地仰頭，劉銘恍然大悟的神情。接著，他露出痛苦的表情，說：「地獄、地獄，真的是催我的命……，這幾年，我受夠地獄之苦啊！」

「所以，天堂與地獄，就在人心裡。現在，你同意這說法了？」

劉銘用力點頭，抬眼望他：「您有神通對不？多年前，您是否已經知道，我會有這一天？所以，您說過，隨時歡迎……。」

他搖搖頭，淡然說：「我沒有神通。但是，我只知道，人的一生，總會有高低起伏。」頓頓，他又接口：「例如你，如果你知道，會有今天，當初，你就不敢急速擴充店面。這，就是你的貪。」

劉銘聽了，深有同感的俯首不語。他早已失去往日的信心與得意。

「其實，這正是人的弱點。佛法裡說的貪瞋痴三毒。要做到不貪、不瞋、不痴，並不簡單。」

深吸口氣，劉銘無語的聽他繼續說。

「古人有謂，勝者不驕；敗者不餒。你現在最重要的，是心態！你可以想想，最開始，你的事業是怎麼起步的？一定非常辛苦、非常謹慎、處處用心？」

「嗯！」劉銘細細回想，輕輕點頭。

「找回你當初的心態，再加上千、百倍的耐苦與意志，慢慢站起來吧！」

「我……我該怎麼做？這些日子，我都紊亂了。」

「一步一腳印。從頭開始。最重要的是你對自己要有信心。」

「對自己要有信心……。」重復低喃著，再深深一點頭，劉銘試著武裝起自己……。

握緊拳頭，一下子，全世界彷佛都在他手中……。

是夢是空

王秀曼多年前，因肚子不舒服，到醫院去檢查，醫生沒有說什麼。過了兩年多後，有了核磁共振，才檢查出她罹患了子宮頸癌，但已經是第三期了。

手術、化療，這一連串的治療中，王秀曼過得很低潮。可是過得最痛苦的，卻是她的先生——李文良。

因為治療的痛苦，又想到也許剩下的時日不多了，受到身、心煎熬，導致王秀曼亂發脾氣、怨天尤人，她的怨與氣，完全發向李文良。

妻子有重症，李文良當然難過，可是，最讓他受不了的，是王秀曼幾近歇斯底里的脾氣。

事實上，李文良受到的煎熬，並不比王秀曼少，可是她能發出來，他卻只能默默忍受，他要怎麼對發病的妻子發脾氣啊？

忍到最後，李文良受不了了，他跑去找他——智者。

向他說完家裡嚴重的情況，李文良紅著眼眶，道出他的心聲，他想自殺！因為，他既無力改變什麼，更無法再忍耐了！

他默默聽完，低聲說道：「靜下心來，先聽我說一個事件。」

李文良擦擦眼眶，聽他說出他的一段際遇──也就是之前，林家賓的事件。這故事，請見「利用」此段。

聽完後，李文良不可置信的瞪大眼，回家後，幾經審思，李文良竟然打消了自殺的念頭。

這種改變，非常微妙，李文良全然改變了自己！

不久，王秀曼終於走到她的人生盡頭，李文良便開始替妻子辦理後事，他在美國留學的兒子，也回家奔喪。

做法事期間，有空閒時，李文良不諱言的向兒子介紹，說道：「就是他！他救了我一命！」

兒子相當驚訝，轉望他平和的臉，眼中滿是疑惑神色。

接著，李文良向兒子說出，當初他來拜見他，他向他說出了一段事件。

最後，李文良說：「這事件，讓我獲益良多。我回去後，想了想，既然我還有利用的價值，為什麼要自殺？況且，對象又是你媽媽──我的妻子，我理所當然，被利用的很高興才對啊！」

他看著李文良，反問：「被利用後，你有什麼感想？」

李文良恭謹的看著他：「不瞞您說，我心裡……海闊天空。能被利用，表示，我活著很有用，不是嗎？」

他微微一笑，輕聲唱道：「來去在夢中，恰似一陣風；夢醒無來去，一切皆是空。」

死王吞眾生

初春的午後，空氣中依稀帶著冷冽。

他握著幾本書，一疊信件，到智者的修行室。

智者看著他，雖然面容削瘦，雙鬢已現白絲，但雙眼迥然有神，神態穩重中，透著幾許自信。

「原來，你是作家？」智者打開話匣子。

「不！不敢！只是個無名作者。」

「你的書？」

「啊！是……不……。」

被智者精湛眼神，這樣看著，他——王志豪竟然自慚形穢。寫這些世俗上的言情、鬼小說，怎堪入他的法眼？

「這些信，是……？」

「啊！沒有……。」

王志豪將信件塞入書的最下面。

冷冽氣息，悄悄圍攏，沉默，使兩人周遭，顯得更冷淒了。

沉默地泡茶、倒茶、奉茶，智者終於打破沉寂：「既然都來了，何妨打開心胸，談開來，也許會更好！」

王志豪與智者四目交接，久久……久久……。

智者慈善的眼神鼓勵下，王志豪終於道出了心中事……。

書是他寫的，厚厚一疊信件，是讀者寄給他的。

他的書，曾經紅過一陣子，電視台曾經邀請他上電視，雖然他終究拒絕了，也有讀者追著他，渴望見他一面，他也拒絕了。

因為他只想過單純的筆耕日子，沒想過要露面、要出名。

現在，他才發現，沒有出名，出書就變得困難了。他不甘心，他還想提筆、還想發展他的興趣，但……。

智者聽完，沉沉的開口：「我先說個故事，你聽。」

有一位過氣的歌手，一直想東山再起，他學許多高難度的舞步，這舞步已經超越了歌手的年齡極限，但他還是非常努力的自我訓練。

有一次，歌手被安排上電視表演兼作宣傳。但是，觀眾的反應，卻不如預期，而且，反而把歌手苦練的舞步批評成像猴子耍把戲。

「所以，這名歌手終究殞落，你知道，為什麼？」

王志豪不解的看著智者，搖頭。

「時不我與！」

王志豪恍然似……轉動起思緒……，過一會兒，他臉現堅容道：「我不認同！雖然，時不我與，但我相信，只要努力，還是有希望！」

「嗯！但努力得加倍，是非常辛苦的。」智者頷首。

「那是當然。我有心理準備！」忽然，王志豪眼神暗下來，無力的說：「可是我周遭所有的朋友，沒一個支持我，大家都反對！」

「為什麼？」

王志豪欲言又止……，終於一掃黯淡神情，堅毅的開口：「我還是要堅持我的興趣！」

智者盯住他的臉，忽然發現，他削瘦面容，隱然透出一股青灰……。

「你的健康狀況不好？」

王志豪抬眼，訝異的反望智者，輕輕點頭，接口說：「雖然有病，我還是堅持，直到我倒下去為止。」

「唉！多可惜啊！」智者忽然揚聲道。

王志豪滿是不解神色，望住智者。

「當初，你不想出名，純是為了興趣而提筆，可見，你是有點慧根。你應該也知道，名利是沉重的包袱！」

王志豪輕輕頷首。

「年輕可以拋開名利，為何有了年歲，反倒放不開？」

「我……。」王志豪攏皺起一雙濃眉，無語了——他自己也不知道。

「請聽我說個典故。」

有一位鄧州來的學者，趕赴長安參加科舉考試，宿在旅店。當夜，他夢見滿室白光。

次日，遇到占卜者，他請問夢境是什麼徵兆。

占卜者說：「這是解空的祥瑞呀！」

學者聽了，不以為意。繼續趕路。赴考的人很多，將到長安的前一天，這位學者與一位氣宇軒昂、談吐不凡的人共桌。兩人閒聊起來，氣宇軒昂這人問學者：「仁者要往哪去？」

「這麼多人趕赴長安，不都是為了求取功名？尊駕難道不是？」

他搖搖頭，再問：「仁者要往哪去？」

「我？當然跟眾人一樣，選官去！」

他精湛眼瞳盯住學者，清晰的說：「選官不如選佛。」

學者倏地停住手中茶杯……，選佛？學者驀地憶念起前幾天夢見的情景，還有占卜者所言，這，莫非是天定？

學者思索一陣，幡然地反問：「選佛？那我又該往哪去？」

「現在，江西馬大師的道場，正是仁者選佛之場呀！仁者可以去！」

心中頓如茅塞大開的學者，當下毫不猶豫的改變路線，直赴江西。

這位學者，就是丹霞天然禪師！王志豪聽完，心念如波，起起伏伏不定。

「人呀！四大假合，幻身幻心，終歸是無常。有了名、出了書，加上讀者的掌聲，能改變你什麼？你還是你，凡夫俗子！」

王志豪微微頷首——沒錯，正如智者所說的一樣！

「走一趟娑婆，能空手而回嗎？即使有大名望的文學家，如蘇東坡、白居易……等人，終究也是由文學家走入佛教界領域。你，請回去想想吧！」

「等一下！請問我若學佛，對我有何益處？」

智者口氣淡然道：「名利沒有，也無益處，但至少來生不墮三惡道！」

王志豪低眼……，不知他想些什麼。

智者望住王志豪，沉沉說道：「我再奉送你一句，希望你仔細聽了。正法念處經云：『**死王吞眾生，衰老飲少年，病至強漸減，世間無知者。**』」

智者一席話，讓王志豪回去後，徹頭徹尾的墮入深深的沉思中……。

一個人的重大改變，可以因一句話、一個機緣，但最重要的，還是人自己的意願，諸多因緣，缺一不可呀！

當下自在

這天，有人按門鈴，智者開門一看，兩位基督教傳教士出現在門外。

智者心中有點訝異，以為找錯人了。便問道：「請問找誰？」

「你好，我是XX教會，傳教的。」

智者啞然失笑，指著大門正中，一尊佛像，反問：「看到我的門口嗎？」

年長的這位笑笑，說：「我知道，您是佛教徒。」

另一位比較年輕的說道：「我曾經拜訪過你。」

智者略一回想……，似乎有這麼一回事。於是，他問：「請問有什麼事？」

接著，年長的這位，問智者：「你們佛教知道，這世界怎麼來的？」

智者語音清亮的說：「佛教講求因緣和合而成的。從物質現象而言，是『**成住壞空**』。若從心理層面而言，是『**生住異滅**』。」

兩位傳教士愣怔好一會兒，年長的這位，又問：「那……你們佛教徒，如何解脫？」

智者平穩的說道：「佛教不求解脫，而是把握當下自在。」

不一會兒，兩位傳教士無言的走了。

苦

佛經云世間有八苦：「生、老、病、死、求不得苦、怨憎會苦、愛別離苦、五陰熾盛苦。」

如果您正生活在娑婆世界中，那麼，就會知道，這是事實。

只是，您是哪一種苦呢？

王玉英，今年五十多歲，看來白白淨淨，說起話來，細聲細氣，完全看不出她會有什麼苦。

應該說像她這樣的外相，是很好命的人呀！

她娓娓道出她的故事。

自從二十五歲嫁給梁里華，一直過著幸福的日子。

梁里華除了上班賺錢養家之外，是個標準的好先生。假日，他會清洗家裡的東西，平常則是喜歡煮菜、做飯。總之，妻子玉英應該做的工作，全都讓他包攬在身上了。

鄰居街坊，誰見了他夫婦倆，都會豎起大拇指，大大稱讚梁先生。

想不到，年紀一大把了，梁里華居然有外遇！

這絕對出乎任何人意料之外！

沒有人會相信，就連王玉英也不肯相信，這，根本是不可能。

一天，梁里華向玉英坦白，並且求她成全他和那個小美人。

玉英整個人都快崩潰了，在她平靜的幾十年生活中，這簡直是晴天霹靂！

人，一旦失卻精神支柱，病就來了。

玉英看過許多醫生，總不見效，有的說她是精神不穩定、有的說她是憂鬱症……。

跪在智者面前，玉英哭得稀里嘩啦！淚泉無法抑制。

等她哭過一陣子，智者要她坐下，等她稍稍平靜，智者才開口：「妳哭是因為丈夫被搶走？還是因為感情無處寄託？」

「我……。」

擦擦鼻涕，玉英仔細想想，搖搖頭，她自己也不知道。

「妳還有罣礙嗎？」

「罣礙？」玉英攏住眉峰。

「就是說，妳的兒女？會受到妳和妳先生的影響嗎？」

「不會！」玉英的兒子、女兒都已各自婚嫁。

「那就是妳的問題了。」

「才不是。是我那個死鬼……。」話說一半，玉英猛的頓住話，老臉略紅

——在這個地方，說這種話，好像不合時宜。

智者淡然一笑：「應該說，是妳先生先有問題，然後妳也有問題。」

玉英皺緊眉心，接口說：「他有問題。我並沒有啊！」

「妳沒聽清楚我的話。這樣說吧！因他有外遇，導致妳升起『煩惱』，因為煩惱，所以產生『苦』。」

想了個仔細，玉英用力點點頭。

「我能問妳個問題嗎？」

玉英不解的望住智者，輕點頭。

「妳先生有外遇，妳能改變他嗎？或是說，請他離開那位第三者。」

「不可能！我一再和他溝通，他就是不肯，到後來都不肯跟我說話了。」

「既然他不肯，我想，妳就只能改變妳自己了。」智者接口說：「請妳正視妳的煩惱，你的煩惱，是什麼？」

「嗯！當然是我先生的外遇嘍！」

「我再請問妳，他外遇，妳生活上，會受到什麼影響？」

玉英仔細想了想……。皺起眉心，玉英更用心的想……。

「例如：妳平常的穿衣、吃飯，以及許多往常的習慣，會覺得有什麼不方

便？」

「好像……沒有。有啦！就……好像少了個伴。」

智者點點頭，接口說：「那是當然的。因為以前你倆總是形影不離，忽然少了個伴，剛開始一定不習慣。但是久了之後，如……一年過後，兩年過後，甚至三、五、幾十年過後，妳或許就習慣了自己一個人，對不對？」

玉英點點頭。

「如果妳把這習慣提早，那麼，妳還會有什麼煩惱呢？」

玉英跌入深深的思慮中……。

「既然妳先生不肯離開第三者，妳又何必天天煩擾、苦惱，搞得日子難過，又生病。」

玉英深思之下，似乎有些轉意了。

「好過也是一天；難過也是一天。妳難道不想改變自己，把精神放在修行上，念佛聽經，了解道理。至少，也要讓自己健康、快樂的過日子，或許，妳還能讓子女看看妳的模範身教！」

接著，智者說了些佛教道理，玉英聽了，高高興興的回去，並告訴智者，她會聽他的話，照他的話去做。

送走玉英，智者也獻上無限的祝福。

心平常

高文松學佛數年，平常依照自訂的固定功課：禮佛、誦經、靜坐……。

他並自封個外號「玄明居士」。

圈內知道他的人，無不豎起大拇指，都稱讚他修行功夫深，是個虔誠、了不起的佛弟子。

在所有人的面前，高文松的表現也真的是無可挑剔，甚至有許多人，遇到問題，就會來請教他。

剛開始，高文松很樂意幫助大家，盡心提出他的意見，但是後來逐漸的，他把自己隱藏起來，有時候，想見他一面，還真不容易。

圈內大夥兒眾說紛紜，有傳言說他更上層樓；有說他境界高，不屑跟一般人同流。

總之，高文松真的是淡出這圈圈了！

事實上，他是處於深深的苦惱中，卻又無力自拔。

沉寂一大段長長的日子後，一天，高文松在某個因緣下，聽到他——智者。

猶豫復猶豫……最終，高文松還是決定姑且一試，走一趟。

「我每天禮佛、念誦經文、靜坐。修行功課排得滿檔，我更勤於看經典，累積了數年功夫……。」

高文松愈說愈激動，連臉都紅了。

「每當有人問我問題，我總是竭盡所能的回答，把我知道的，傾囊告知，但是……。」

智者清澈眼神，讓高文松略頓，他接口又說：「我愈回答，愈心虛！」

「為什麼？」

「因為……我覺得這樣回答他們，我自己相當不滿意。」

智者攏聚起眉心，眼神盡是不解。

「總感到這樣的回答，並不圓滿，或者明白的說，我自己都搞不清楚，我學佛的目的是什麼？」

他──智者微微頷首，他曾經遇到過這樣的人，學佛了一陣子，也精進了一陣子，忽然覺得一片茫然，便又乍然放棄！

「學佛數年，現在一回顧，卻發現什麼都不是，什麼都沒有！」高文松說到最後，滿臉沮喪。

「請問你，學佛想得到什麼？」

高文松詫然無語。

「再回想，數年前，你學佛又是為了什麼？」

高文松眨巴著眼，說不出話來。

他緊盯住他，眼神盡是咄咄逼人，高文松不覺垂下眼。

「你為何學佛？」他依然不放鬆的問。

「我……。」高文松窘迫的回：「我……我忘了！」

他舒口長氣，緩緩開口：「學佛，沒有名、沒有利！我想，你絕對不是為了名利而學佛，對不對？」

高文松頷首，臉卻無端漲紅了。

「我個人見解，認為學佛是為了明瞭有別於世間的真實道理。尋覓安身立命處，而得以明心見性。」

頓頓，他接著又說：「所謂佛者，覺也。自覺、覺他。如何覺?所以為什麼要誦經、禮佛、看經典。這些無非都只是學佛的手段而已。」

「咦!誦經、禮佛、看經，不就是修行嗎？」高文松驚訝問道。

「所謂修行，是時時刻刻面對自己，修正自己的行為！」

「啊！我一直以為……誦經、禮佛虔誠，就是修行很高……。」高文松訝然說。

「修行，最難掌控的是『心』。心地觀經云：『**心如流水，念念生滅；心如大風，飄遊四處；心如猿猴，跳動不已。**』」

高文松墜入深思中……。

「你對學佛有疑問；還有，你今天會來，何嘗不是你『心意識』的作用？」

「啊！對喔！」高文松頓有所悟地說。

楞伽經云：「**心生即種種法生，心滅即種種法滅。**」

「呀！啊！」高文松忽然低叫到：「原來，我的心，已經迷失了，怪不得我對自己學佛有疑惑。」

他微微一笑，不語。

接著，高文松繼續提出許多問題，他也為他一一解惑。

最後，高文松心滿意足的禮謝他、辭別他。因為，他已找回信念與目標。

送走高文松，他拈了一首偈：「**因緣所生皆無常，緣生緣滅顯真常，歡喜承擔如是果，勤修佛法心平常。**」

無計留春住

葉婷婷今年雖然只有十八歲，可是因為家庭環境的因素，她很早就出來混，所以顯得很早熟。

在一個偶然的狀況下，她認識了李先昱，然後，兩人就這樣走下去了。

李先昱大葉婷婷四歲，因為某些原因，他不必去當兵。

兩人認識後，她就住到李先昱的家，兩人的收入，並不固定。只要另一個沒有收入，兩人就共用彼此的錢。婷婷的工作比較穩定，大部分都是李先昱沒有工作。

雖然如此，可是李先昱常常會向婷婷討東西，例如：手錶、衣服、摩托車、車的零件啦……等等，尤其李先昱最喜歡改造他的摩托車，要知道，改造摩托車的花費很貴的。

而婷婷總是毫無怨言的供給李先昱一切所需。

後來，李先昱家人一再催他去上班賺錢，他又找不到好工作。因為婷婷是單親家庭，人口簡單，便跟婷婷商量，搬回到婷婷家去了。

住過李先昱家，見識過他母親，婷婷當然可以感覺到母親的好，所以她每個月，會自動拿些錢給母親。

若是這樣相安無事的過下去也好，可李先昱還是游手好閒，婷婷便考慮賺更多的錢，以供一家三口費用。

不久，她找到一份工作——受僱當飾品店員，一個月有近四、五萬塊。

李先昱曾到過婷婷擺攤處，他發現婷婷竟然跟客人手來腳來，甚至跟客人身體磨蹭，他很生氣，這天，婷婷回家後，他告訴婷婷，叫她把工作辭了。

婷婷邪睢著眼，盯住李先昱：「為什麼？」

「我……我是看妳工作時間太長了，怕妳太累了。」

「唉喲！你以為賺錢這麼容易啊？」

「可是，我看妳跟客人……。」

「你說什麼？」婷婷微瞋：「我跟客人怎樣?你說話小心些！」

「我……我……我就是喜歡妳嘛！」李先昱支支吾吾，硬是轉開話題：「我不願意看到妳太累。」

他沒工作、沒收入，說話氣勢上，自然就弱了。

事實上，婷婷心裡有數，她一轉話峰：「你不是說，你的摩托車壞了?要買一部新的?」

「呃！嗯！」

「我明天領錢給你！」

「我還得買些零件，改造……。」

「總共要多少？」婷婷氣勢高張地：「五萬？八萬？」

就這樣，一場可能發生的口角，讓錢化之於無形。

然而，這樣的愛情，是否會長久？婷婷自己也不知道！

有許多朋友，常告訴婷婷，說她太傻了，為什麼要這樣辛苦工作，毫無怨言的供給李先昱一切？況且李先昱花錢也很大方，或許不是他自己辛苦賺的吧？

後來，婷婷受不了李昱花費太高，終於把他趕出去。同時，婷婷也認識了另一個新男友。

不到兩個禮拜，李先昱認識了另一個女孩，很快的就跟她同居。

婷婷知道了這個消息，立刻打電話給李先昱，叫他回來。

婷婷問新男友，說三個人可以同時交往嗎？

新男友拒絕了，婷婷斷然跟新男友分手，走回頭路，再跟李先昱同居。

說到這裡，婷婷的母親——葉媽媽哭泣道：「不管我怎麼勸我女兒，她都不聽。我真的不知道該怎麼辦啊？」

聽完，智者臉上沒有任何表情，葉媽媽繼續哭道：「我問我女兒，已經另外交了個男友，何苦又拉他回來？她居然跟我說：我就是氣不過，我哪一點比那個女孩差？憑什麼跟她同居？」

智者不接話，只聽葉媽媽又說：「女兒還跟我說，她就是要試試自己的魅力有多大？我的天！這什麼理論哪？」

智者點點頭，緩緩開口道：「所以佛經說，眾生愚痴。妳女兒既然不聽，妳哭也是白浪費眼淚。」

「請問您，我該怎麼辦？」葉媽媽不死心的問：「我不能讓我女兒的一生，毀在這個男人手上呀！」

「我打個比方，假設有人欠妳一千元，可是他還了五百元，妳會怎樣？」

「當然繼續追討呀！」葉媽媽想都不想的回。

「嗯！很好！所以雙方的債務清了時，妳女兒會回頭，他自然也會離開。」

葉媽媽瞪大眼，緊盯住智者，智者點點頭，說：「妳現在說什麼，都沒有用，因為她根本聽不進去。」

心裡很不服，但是葉媽媽卻很清楚，正如智者說的，無論她說什麼，婷婷都聽不進去。

向智者一禮，葉媽媽無言的走了。

世間上，總有許多讓人無奈的事啊！

無名草

聽到阿彩的事件，程明遠也照智者的教法：「**修行，修正貪、瞋、痴；行持戒、定、慧。**」

這樣，持續了一個月，他赫然發現，真的不一定要到佛堂，隨時隨地都可以修行。

這天，他很高興的來見智者，並且把自己這段時日的心得，向智者報告。

聽完，智者點點頭，說：「很好！你可以掌握自己的意念，儘量勿讓它散亂。」

「只是，我還有點小疑惑。」

「請說。」

「**修行辦道，吃飯睡覺；種花弄草，平常心了。**」

程明遠念出這句偈，續說道：「我依偈語中所言，買了幾盆花，放在我家陽台上，種花弄草，然後……。」

智者看著他，等他下文。

「然後，我好像沒啥感覺。」

「你要什麼感覺？」

「就是……，跟修行有關的感覺呀！」

智者恬淡一笑，徐徐開口：「古德有一句，『**心中不種無名草，性地常開智慧花。**』種花弄草的涵義，就在這裡！」

「呀！」程明遠恍然大悟，心中一再玩味……。

程明遠與智者交會瞭然的一眼，一切盡在不言中。但智者卻看出，他尚有問題。

「你還有什麼疑惑嗎？」智者問。

「是！」程明遠佩服的看智者，低聲說：「我想……。照您的教法，把意念凝聚，勿使散亂，吃飯、睡覺，都可以修行，持續了一個月，都還只是這樣嗎？我想……。」

「繼續說！」

「我想……不知道，您有沒有更快速開悟的方法，教我嗎？」

智者突然笑開了……。

害程明遠無言的尷尬，他早知道這是個蠢問題，但心中有疑惑，不問很難過。笑罷，智者正色，說：「如果有更快速的開悟、成道方法，我自己不會學嗎？」頓頓，智者又說：「事實上，也有！」

程明遠睜大眼，只聽智者接口：「但，那是屬於上根上器，或是再來人！請問，你自問可是上根上器，或是再來人？」

程明遠用力搖頭，哪可能！

「修行是要細水長流，持續一段時日，快者，三、五年，只能算是打個基礎……。」

「什麼？」程明遠訝異的脫口而出。

楞嚴經云：「**理則頓悟，乘悟併銷；事須漸除，因次第盡。**」

「唉！現在的人太忙了，大家都想迅速成道，沒有耐心。能不為名、不為利的沉浸在漫長的修行道上，而且要耐得住『羼提波羅蜜』者，簡直是鳳毛麟角呀！」

智者若有戚戚焉的說完，與程明遠兩人，皆落入沉寂中……。

走江湖

這天，林懷恩再度來見智者。

智者相當訝異。

五、六年前，林懷恩親近智者一段時日後，忽然銷聲匿跡。

後來，有學員告訴智者，說林懷恩常在別的道場進出。

智者聽了，不以為意，信眾們，總如海潮浪波般，來來去去，這沒什麼。

林懷恩先在佛前一禮，與智者落座後，他緩緩說出……。

學佛一段時日後，林懷恩開始感到無趣。

因為，他覺得日子總是一成不變——例如：他的工作還是一樣；他賺的錢，不見增加；他依然一日三餐；依然每天面對妻小；依然……。

有一天，他遇到個朋友——黃寶明，兩人談起學佛之事。原來，林懷恩的感覺，正是黃寶明的心路歷程。

兩人愈說愈起勁，接著黃寶明告訴林懷恩，他的心路歷程，找到一個出口處……。

就是他到每個道場、佛堂、寺廟遊歷、參訪。

嘿！如此一來，他發現每個人有不同的個性、做事方針；每個道場有它的特色，而且，每個地方、每個人、每天都有新鮮事發生，有趣極了！

曾有人向黃寶明讚言說：「呀！你每天這樣，正像古德禪師到處參訪，很有幫助！」

至於幫助什麼呢？黃寶明自己也搞不清楚。

聽完黃寶明這番話，林懷恩即起仿效，也到各處道場走訪……。

四、五年過去後，林懷恩再次由新鮮感，跌入了無趣中。他發現，到處走訪，到處聽到許多八卦、是非，甚至有人因大、小事，惡言相向……。

驀然審思之下，林懷恩看到自己完完全全偏離了五年前，學佛的宗旨！

他再度陷入迷失，可是，沒人可以給他正確的答案，他不甘心學佛之事，到此劃下句點，他一直在找……找答案！

智者頷首，恬淡地開口：「還好，你懂得回來。」

「可是，我仍然不懂——關於走訪道場、參訪之事。」

「嗯！古德禪師到處參訪，你知道他們的目的是什麼？」

林懷恩眼底一片茫然，就是不懂，才會找到智者這裡啊！

「因為學佛路程上，出現盲點，或是無法突破，古德禪師會去走訪、參學，或是打禪機、互相切磋，以領受法要。」

「啊！是哦！」

「古德禪師的參學，又叫做『走江湖』。源出於江西馬祖道一禪師，與湖南的石頭希遷禪師的典故。有許多初學者，因如此參學，而獲得法益，甚而開悟。」

「啊！」林懷恩頓足嘆道：「我到處跑道場，根本沒獲得什麼法益，反倒惹了許多是非！」

「在參訪的過程中，有一點最重要的事，就是要有善知識的引導。」

「善知識？」

「對！一位有學養、有悟境的善知識，可以看出你的弱點在哪，他可以善巧方便之法，讓你在學佛路途中，針對你的盲點，引導你去突破、更上層樓！」

智者說得懇切而實際，林懷恩聽得張大嘴，這可是他想都不曾想到過的事啊！

「當然這其中，還關係到參訪者的身、心、意志、智慧……等等，諸多因素，例如：他必須善於選擇、他的意志力、他願意接受磨鍊……。」

「啊！原來……如此。」林懷恩回想這段日子，到處跑道場，根本談不上什麼參訪，只能說去遊玩！

「了解了？」智者恬淡的反問。

「多謝您，如果今天沒走這一趟，我會墮入黑淵中，永遠無法見到光明！」

「也沒這麼嚴重啦！」智者輕輕說：「就算獲得法益，也要懂得放下。金剛經正信希有分第六：『**知我說法，如筏喻者，法尚應捨，何況非法**』。」

林懷恩睜圓眼，專注的聽著，心有所感地用力點頭。

辭別智者時，林懷恩心中一再默念著，智者送他的一句偈：「**走江湖，參學去，磨身心，煉意志，頂門處，具隻眼，善知識，多請益，戒相諍，散亂離，行般若，道相應，不取善，不捨惡，無所得，心平常。**」

心意識

林立平和張德坤，算是年輕的一輩，他倆國中、高中起，就受家人影響，常來智者這裡聽課，大學畢業後，一個上職場，一個繼續讀研究所，但兩人在課餘、閒暇時，還是常來走動，多少覺得對認識人生，有些幫助。

這天，剛好有個空檔，兩人一起向智者請益。

首先是林立平，他緩緩開口：「我有個問題，困擾了很久，可以向您請問嗎？」

「可以！」智者爽快的回：「互相切磋。」

智者輕輕露出笑紋，想起一段公案，關於大珠慧海禪師的軼事……。

有一次，數名法師來謁見大珠禪師，說道：「擬伸一問，師還對否？」

大珠慧海禪師爽然地回：『深潭月影，任意撮摩！』」

呃！何等瀟灑的器宇胸襟啊！

「常聽您說，學佛要實際融入日常生活中，可是，為什麼我就是無法做到這樣？」

智者輕輕頷首，轉望向張德坤，只見張德坤也點點頭，接口道：「是呀！

我也有這樣的迷思。像我來上課，聽了許多佛學名詞、道理，可是一回到家，拿起書本，就完全忘了什麼佛法、名詞之類的……。」

「對！就是這樣！」林立平也說：「頂多，我只能把自己歸於善念而已。」

「嗯！我提出個較具體的名詞：六根、六塵、六識。」

兩人專注的同時點著頭。

六根：眼、耳、鼻、舌、身、意。六塵：色、聲、香、味、觸、法。六識：眼識、耳識、鼻識、舌識、身識、意識。合成名為十八界，這些名詞，一般人都非常熟悉。

智者細細說明道：「以唯識學而言，唯識又名唯心。世間諸法，唯心識所現。在唯識學裡，把心識分的更微細，現在只舉簡單的。人，除了六識外，尚延伸出第七識——末那識、第八識——阿賴耶識、第九識——菴摩羅識，又名無垢識，即真如之識。在這裡，我們以華語來解釋，比較清楚。『集起為心、審思為意、了別為識』。其實，心意識乃是一體。根，相應外塵，亦即說，根塵相觸，產生了識。這都只是前五識——眼耳鼻舌身的作用。第六識，就在了別；第七識，是審思；第八識，就是集起。再舉更實際的例子：譬如說，去市場，看到橘子——眼根觸及色塵，這屬於前五識。第六識就開始了別——這家攤商賣的橘子比較好；另一家賣的比較差。這時，第七識開始審思：兩家不同的橘子，價錢不一樣。那麼，我到底要買哪一家的呢？第八識，也就是種子識——源於以前，曾經買過橘子，就開始分辨，雖然價錢便宜，可是卻不好吃，那麼，是不是該買貴一點的呢？以上，乃是意念的轉變，而這些轉變，有的互為因果關係。而這，就跟我們人的五蘊思想、意念密不可分，所以方才有道『心意識，乃是一體』。如果，懂得這道理，還能把握住，當你面對了外來的色塵、緣境時，就能以學佛的心態，來面對、應付。」

也許是林立平和張德坤曾用心、或是層次較高，他兩人聽了，竟能理解的雙雙點著頭。

金剛經的迷思

學員周佑一領著他的好友——許奎山來見智者。

據周佑一說，許奎山持誦金剛經，已有很長一段時間，對於經文內容，不但熟稔，也很有心得，更重要的是，他依照金剛經，可以透澈掌握修行的重點。

這次來見智者，就是因為有一點疑問，想求智者解答——應該說，他想求智者認同自己的看法吧！

「您好。」

「請坐。」智者說著。

周佑一隨即去泡茶，並奉上，三個人這才聊開來。

「有什麼問題嗎？」

「是這樣，我想，依照『金剛經』裡面的經文，也可以開悟，您認為呢？」

「呃！那是當然。像六祖惠能大師，就是聽聞『金剛經』而有重大領悟」

得到首肯，許奎山更篤定了，他揚聲，繼續問道：「那麼，可以把金剛經的經文，化之於實際修行？」

「嗯！應該說……也是可以。不過，也要看個人的領悟力。」

許奎山更欣然的滔滔說道：「是！我知道佛陀成道，示現了三十二相。所以，如果我們能修到像佛陀的三十二相中的任一相，就可以表示，我輩學人修行上，沒有偏差？」

智者輕輕頷首，緩緩說道：「經文裡，有一句：『**凡所見相，皆是虛妄，若見諸相非相，即見如來。**』」

「嗄！」許奎山當場愣怔住。

一旁的周佑一，眼光不斷掃向兩人，上課這麼久，對智者的教法，也是有所領略，因此，聽兩人對話，他感覺到相當精采。

智者開口反問道：「『金剛經』另有一句：『**說法者，無法可說，是名說法。**』請問，這如何解釋？」

「這個……。」許奎山面孔紅了，支吾道：「就是說……法……不用說，法是一種表現，所以……是名說法。」

「請問，怎麼表現？」

唉唷！這可問住了許奎山，他拼命記憶著「金剛經」經文內容，無如，怎樣也想不出，應該說找不出來，能如何回答智者的問話……。

過了很久、很久，許奎山忽然心生一計，反問智者：「請問您，您會如何解釋它？」

智者緩緩道：「眾生因迷時，才有法可說，眾生不覺迷惑時，即無法可說，故說：『**說法者，無法可說，是名說法。**』」

「哇呀！好妙！」一旁的周佑一忘情的拍手，大聲讚道。

一再思索之後——許奎山也佩服的點點頭，稱是。

好一會兒，他再次順著原問題，請問道：「那……，請問，一切法皆是佛法？」

「內涵呢？」

頓頓，許奎山毫不猶豫的接口，道：「佛法不離世間法！」

「世間法不是佛法！」

再次頓住，思考了一番，許奎山又問：「那佛法在哪裡？」

「一切現成，無欠無餘。」

沉默的氛圍彷佛剎那間衝向雲霄。

這氛圍裡，有高雅意境；也有讓人空靈的悟境；而一切盡在不言中。

曲徑通幽道，
禪房草木深，
心中不種無名草，
性地常開智慧花。

菩提

三界：欲界、色界、無色界。
六道：天、人、阿修羅、畜生、餓鬼、地獄

悟盡世間煩惱，一切當下自在。

不非食時

靜坐的學員中，有一股騷動……，他清澈眼光，一一掃過眾人……。

曾阿民黝黑的臉上，一片盎然——輕微騷動，原來是他！

他知道他有話要說，便望著曾阿民。

「我……我想……。」曾阿民黑中透紅的臉上，一片靦腆。

「你說。」他鼓勵似的接口。

「我想再精進。」曾阿民一股作氣的說：「所以，準備效法古德——『過午不食』。」

「喔！這很好呀！」

「可是，我太太不准。她說這樣會營養不良，會傷身體。」

他淡然一笑，說道：「她的意見，你可以考慮看看。畢竟，是你倆一起經營這個家庭，要做什麼事，最好跟她商量看看。」

曾阿民點點頭。

他接口又說：「不過，我得更正你那句『過午不食』。」

曾阿民立刻專注的望住他，等他下文。

「經典裡，並沒有這句『過午不食』。只有『不非食時』。」

「啊！可是，我聽很多人都這樣說。」

「嗯！這是後人說的。」頓頓，他接著又說：「所以後來，大家都這樣說了。依照以前佛陀時代，只有日中一食，僧團們的日中一食，就是中午的十一點左右，過了這時間，可以稱為『不非時』，就是不同於原有規定的時間。所謂『不非食時』的解釋，乃是不同於原有的吃飯時間。」

所有的人，包括曾阿民，大夥兒臉上，皆是恍然表情。因為，他們從未聽過這樣的說法。

「那，那些人，全都說錯了！」另一位學員大聲說。

他微微一笑，說：「這不是對與錯的問題，只是大家誤解了經義。現在，我提出來，只供大家做參考罷了。」

安心

安心是很重要的一件事，舉例來說，考試時無法安心，一定會考不好；做事無法安心，事情一定做的亂七八糟；與人談話，或跑業務的，無法安心，一定無法與人溝通，業務也無法推展。

事實上，什麼叫安心？就是一種可以倚靠的安定力量。

湯金蓮五專畢業後，繼續考二技，她很用功，每天都讀到很晚才睡。愈接近考期，她越緊張，考前四天的早上，她起床，突然發現腦袋一片空白。之前讀的書，完全忘得一乾二淨，怎麼想都想不起來，她慌得翻開每本讀過的書，可全都是陌生，腦中無法與書連貫。

湯金蓮忍不住痛哭失聲……。

她媽媽聽到哭聲，急忙來敲她房門，了解情況後，她媽媽帶她來見智者。

向智者說出以上狀況後，金蓮媽媽擔憂的開口問：「請問您，我女兒是不是中邪？還是遇到不乾淨的……。」

智者淡然一笑：「妳想太多。她沒問題。」

「可是……她以前從沒這樣過呀！」

智者看一眼金蓮，說：「他是過度緊張，導致腦袋放空，算是一種暫時性的心理障礙。」

接著，智者說起之前，曾遇到過的際遇……。

有一次，寺院要作一堂佛事——放焰口。

徹尼師被任命當副懺——放焰口的職務名稱。

放焰口法事，作一堂要五個小時，期間是不能休息，而副懺要起運、觀想、打磬，責任重大，不能稍有疏忽。

法會開始的前半個小時，大家都準備好了，卻發現徹尼師不見了！

智者前、後院找了一遍，最後發現徹尼師呆呆站在後院一棵大樹下。

「徹法師！法會要開始了！」

「我……。」

「妳怎麼了？」智者發現她臉色蠟白。

「我……您知道，放焰口一定要『觀想』，而且要做五個小時，我好緊張。」

「別緊張，您就像以前那樣做，就是了。」

「不！不行！」徹尼師搖搖頭，近似無力的說：「我現在完全想不起該怎麼做，連起運都忘了該怎麼起……。」

智者看看她，真的是整個人既慌亂又無助。

「這樣吧！」智者想想，道：「我來擔任打鼓，我可以幫忙『觀想』。」

「可……可是，我……不行呀！」

「您信任我嗎？」智者雙眼放出堅定眼神。

徹尼師看他，點著頭。

「我也會幫您加持，我相信您一定可以的！」

眼看法會就要開始了，不容徹尼師退畏，智者不斷安定她浮躁又緊張的心，她只得回到大殿。

法會開始，是以打鼓揭開序幕。

擔任打鼓師的智者，敲出輕而緩的鼓聲……。

「咚……咚……咚……。」

輕而緩慢的鼓聲，很有安定人心的力量，加上智者的加持力，以及幫忙『觀想』。

果然，徹尼師的心安定之後，運起得很標準，而以前的法會細節，也一一回到她腦中，她依序打罄、觀想、唱念……。

喔！這次的焰口法會，居然非常成功。

「這種過度緊張的病況，是一種心理障礙；也可以說是暫時強迫性空茫。」

「呃！哦！」金蓮媽媽聽不懂病名，只要金蓮可以治好就好。

接著，智者在佛前求一杯「大悲水」，並結「手印」加持，讓金蓮默念七遍「觀音聖號」，再喝下「大悲水」。

過了約一個月後，金蓮和她媽媽來見智者，致上感謝之意，同時告訴智者，她考上二技。

接著，她一路順利讀到碩士、博士，現在在當老師呢！

想入非非

下了課，大夥兒聚在一起聊天，聊得正起勁，秀琴姐忽揚聲道：「財源！你別這樣看著人，會讓人想入非非喔！」

眾人轉頭望住財源，財源愣了好久，結巴的回：「我……我哪有？」

原來，財源右眼不靈光，看人時，眼焦對不準，看起來就怪怪的，秀琴姐喜歡開他玩笑，這句話一出，財源黑黝黝的臉，驀地紅透耳根，眾人有的低聲竊笑；有的掩嘴；有的莞爾……。

正自笑鬧間，智者走近來，看眾人這樣，不覺好奇的問：怎麼了？有多嘴的人，立刻一五一十的向智者報告，說完，還痴痴的笑。

智者反問眾人：「誰告訴我，『想入非非』的解釋？還有，這句話的典故，怎麼來的？」

一時，眾人皆噤若寒蟬，智者望住擁有大學中文系學歷的林景行，眼裡滿是鼓勵神色。

林景行硬著頭皮，起身說：「『想入非非』，就是……思想有邪念。」

「還有呢？」

「嗯……也就是……對異性生起不該有的念頭。」

「請坐！」智者又問：「那這句話的典故，出自哪裡呢？」

想了好久，林景行靦腆的搖頭：「這個，我不知道。」頓頓，他又接口：「不就是古代聖賢人說的？」

智者微微一笑，向眾人說道：「『想入非非』這句話，一般人的解釋，就像剛才景行說的，思想有邪念。可是，它的真正解釋，並不是這樣的。』

林景行和眾人齊聲殷切的望住智者，同聲問：「請問，它的解釋是什麼？」

「我先說它的典故，係出自佛教。」

聞言，眾人都現出不可置信臉色，尤其是林景行。

智者接口說：「『四禪八定』，各位聽過沒有？」

眾人一致用力點頭。

「四禪，是色界四禪天的初禪、二禪、三禪、四禪。八定，是色界的四禪定，加上無色界的四空定。所謂四空定，是空無邊處定、識無邊處定、無所有處定、非想非非想處定。『想入非非』的典故，就是出自這裡。但很多人都認識錯誤，也錯用了它的意義。」

眾人屏住氣息，等智者下文。只聽他接口說：「想，是指主觀的想。非想，是客觀的想。非非想，是客觀中的主觀的想。所謂主觀，就是『有我』的意思。」

說完，智者緩緩看過眾人一回，他看出了大家眼中的疑惑，遂問：「我這樣說，你們懂嗎？」

其中有幾個人舉手，說不太懂。

「當我們面對色塵緣境時，於境取像，心中就產生了思想，這即是主觀的我的『想』。我這樣說，清楚了嗎？」

頓頓，智者隨手拿起一只杯子，接口：「譬如說，現在各位看到我手中是什麼？杯子！眼根接觸到杯子，在你心裡，或許會升起一連串的各種想法：我拿杯子要做什麼？裝水喝？或是收起來？還是有什麼作用……等等。」

「我懂了！這就是主觀的我的想法。」林景行立刻說道。

智者道：「嗯！孺子可教也。」

其它他眾人聽得懂的，也紛紛點頭不迭，智者滿意的微微一頷首。

學佛本分

梁又春一腳跨入，坐下後，好半天都不說話。

「怎麼了？」智者看他臉色繃得緊緊的，便問。

「氣炸了！我那個哥哥！」梁又春氣呼呼的，口氣充滿了火藥味。

原來他的雙胞胎哥哥梁一春，去年開始學佛，一心投入後，就老是跟又春抬槓。

「學佛很好啊！為什麼要抬槓？」

「您有所不知。」梁又春更生氣了。

「先別動怒，你忘了我平常怎麼教你的？」

聞言，又春一臉尷尬，勉強壓下怒氣，娓娓道出……。

梁又春學佛有三、四年了，之前就勸哥哥梁一春也來學佛，還不斷向一春談及學佛的種種好處。

但一春始終不肯聽弟弟的，直到一年前，在一個因緣機遇下，開始接近佛教，不到半年，他就屢向又春討教。

說討教，確切的說，是找又春一較高下。

例如：一春故意提出冷僻的佛教名詞，又提出某個問題，再逼問又春，看他是否能回答出來。

佛教八萬四千法門，浩瀚如海，如果不是已達悟境者，憑又春只是業餘又不專精的學了幾年，加上一春有心刁難，提出些冷僻的名詞，又春有的根本聽都沒聽過，他當然招架不住！

因此，一春就向又春說：「學佛呀！千萬要找對人！像我找的這位，他可是大大有名氣……。」

「有名氣不管用！」又春立刻回：「有沒有學到真正的佛法要義，才是重要！」

「哼！告訴你吧！他還說我學個一年半載，肯定會有神通！」一春得意洋洋的。

「神通？廁所按下去就通了！」

「看看你。」一春氣紅了臉：「學了幾年，學到什麼啦？我問你的，都回答不出來！」

兩兄弟因此愈吵愈激烈，甚至差點大打出手。

「我氣的，是他不懂還裝懂。」又春忿忿然的。

智者淡然接口：「不是他不懂，是他懂的僅止於此而已。」

又春忽然靜了一會兒，接著頷首：「呀！我知道了！他才學了一年，知道的比我少，當然……。」

「不！你誤會了我的意思。」

又春搞糊塗了，目不轉睛的望住智者，只聽他接著說：「我常說，學佛要面對自我的修養，不要把佛法當武器。」

「可……可是我哥態度很囂張，他還說，他學的佛法是最好、最厲害的。」

「沒錯！我也說過佛法本無高下之分，只有契機與否的問題。只要他覺得這法門適合自己，那就是最好的了。」

「但是，我看他學的……。」又春緊鎖眉頭，不平的接口。

「你一直貶低他的這種態度也不對！」

又春一愣，瞪大眼，口吻急促道：「他還批評我，說我學了幾年，根本是沒用！」

「有沒有用處，你自己心裡應該很清楚，不是他說了算！」

又春用力點頭。

「所以，佛法八萬四千法門，只要找到合適自己的法門，你能受用到好處，一門深入，就是最踏實的了。」

「可……可是我哥哥……。」

智者恬然的淡笑，問：「記得我要你們抄下一句六祖說過的話，記得嗎？」

又春鎖緊眉頭，認真的想了想……。

「很簡單、又平凡的一句話……。」

又春想到了，張大嘴接口道：「**外不見人過，內不被邪迷所惑。**」

「對！很平實的一句話，又有多少人做得到呀？」

又春低頭想了很久，終於慚愧的轉向佛前，深深拜了下去，然後向智者道：「我……知道我錯了。」

智者緩緩頷首，輕聲說：「降伏我慢，謙虛待人，有這樣的認知，才堪稱學佛者應有的本分。」

「是！以後，我盡量不跟我哥哥　！」

「對！想要改變你哥，先就要改變自己，再以你的修養，感化你哥哥。」

又春誠懇的神態，讓智者滿意的頷首。然後，他拈了一偈：「**學佛學佛學何事？點點滴滴須覺悟，堅持學道誠不悔，我及眾生願如是。**」

點滴須覺悟

李進生老居士，在妻子黃阿滿陪同下，來見智者。

智者明白，他倆來一定有事。

果不其然，呷口茶後，黃阿滿愁容立現。接著，她指著滿臉疲憊的丈夫李進生，說道：「上個月，他心口劇痛，去醫院檢查，說什麼……心臟有問題。看完報告，醫生交待，必須儘早動手術，做心臟支架。否則，再次發作就很危險。」

智者轉望李進生：「你呢？怎麼看這件事？」

「我……我怕呀！」李進生苦著臉，低聲說。

「他又怕又擔心。」黃阿滿快口接道：「怕開刀；又擔心病會發作，我們不知道該怎辦？是我堅持叫他來請問您，他才來！」

智者輕輕頷首，舉起茶杯，徐徐喝下，好一會兒，放下杯子，抬眼看著李進生，問道：「生病之前，你都在忙什麼？」

黃阿滿雙睛一亮，接著，轉看丈夫，眼中滿是欽佩神色。

李進生脫口道：「唉呦！您……您好厲害。」

智者謙虛說道：「不是我厲害，是我明瞭道理。一件事情的發生，一定是有它的前因後果。況且，依你的年齡，實在不適宜過度煩心！」

黃阿滿疾快的向李進生說：「看吧！聽我的話，來找智者，就是找對人了！」

接著，李進生虛弱的說出原委——不足處，黃阿滿替他補上。

李進生和友人王先生合資買了一塊地，原準備投資蓋大樓，狠狠賺它一筆。去年還是前年吧！王先生屢屢和李進生商討，希望付給李進生當初買地的錢，他要這塊地！

李進生不肯，王先生又說，不然叫李進生拿出錢來買那半塊地。總之一句話，王先生不想再跟李進生合夥。

李進生與黃阿滿一再討論，居然討論不出結果。李進生不甘心放棄，每天就為了這件事煩擾。

其實最主要的，還是為了這塊地的價值問題。因為，不管誰要退出合夥，都擔心地價，到底該漲多少，才算合理。

說完，李進生吐了口長氣，搖搖頭……。黃阿滿則滿懷希望的望住智者。

「你們……肯聽我的意見？」

李進生和黃阿滿雙雙點頭。

「也願意照我說的去做？」

兩夫婦再次雙雙點頭。

「好！」智者看著李進生：「你就放棄土地。」

「我……我……。」李進生一怔後，結巴道：「可……可是老王要給我的土地價錢，太……。」

「好吧！如果王先生給你再多十倍的錢，你如果無福消受，那有用嗎？」

李進生驀地頓住，黃阿滿則在一旁，點頭不迭。

「如果放棄土地，保一身體健康，不必開刀，你可願意？」

黃阿滿猛拉李進生的手，用力點頭，李進生轉轉眼，終於點頭。

「那就這樣了。」智者接口，又說：「另外，我給你一個功課。以後，每天睡覺前，靜坐二十分鐘，念佛十分鐘，做的到嗎？」

「可以。」

「嗯！有問題，隨時再來。」

過了兩、三年後，李進生的身體一直很健朗。在一次下課的閒聊中，李進生和黃阿滿向智者說，那塊土地，至今都沒動，既沒蓋大樓；也沒做什麼生財用處。

說話的同時，兩夫婦顯得很高興，都認為當時放棄土地權，是做對了。

最重要的是李進生的身體一直都很健康，心痛的毛病也沒有發作過。

智者拈一偈，送給李進生夫婦：「**學佛學佛學何事？點點滴滴須覺悟；堅持覺道誠不悔，我及眾生願如是。**」

畢竟空

下課後，學員們各忙各的，只有一個女人，一直在注意他——智者。

智者眼角餘光，也看到了這個女人，由她的神態，智者明白了她的心思。

於是，智者凝眼看她，招招手，然後先走入會客室。

不一會兒，這個女人也跟了進來。她先向智者合十為禮，再落座。

「說吧？有什麼事」智者含笑問，眼光掃過。

「我！」女人快口的說：「我很生氣，已經快按捺不住了。」

「什麼事？有這麼嚴重？」智者含笑問。

她用力一點頭。

她叫王美香。接著，王美香述說道……。

王美香學佛才兩個多月，兩個多月前，她經由鄰居王阿平介紹來上課，王阿平其實也才來半年左右。剛開始，大家都覺得王阿平是個容易親近、肯幫忙人的好好先生，但日子一久，大家才知道，原來他的目的是向大家推銷保險。所以大家就逐漸對他疏遠。一個多月前吧！他已經不再來上課了。

然後有一天，王阿平去找王美香，問起她，還去上課嗎？

王美香說：「當然啦！我已經一把年紀了，再不努力學習，時間都空過了。」

王阿平只是笑笑，沒多說什麼。

前天，王阿平又去找美香，還是問她，繼續上課嗎？

「當然啊！喂！你這陣子都沒來上課，在忙些什麼？」

王阿平神祕的笑笑，在美香追問下，他才說：「告訴妳，我現在在XX佛堂學習喔！那裡教的，真是好極了！」

「喔？是嗎？怎麼個好法？」

「說起這個……唉！如果不是妳買了我的保險，我也不肯說的吶！」

「哦？」美香暗暗皺起眉頭，這什麼話呀？

接著，王阿平口沫橫飛的說，XX佛堂，有拜有感應，非常、非常的靈！

「感應？」美香忍不住岔口問：「什麼感應？」

「厚！這個妳都不懂？就是……唉！怎麼說……？」

美香瞪大眼，盯住他，他清清喉嚨，咳了一聲：「我簡單的說，就是……妳也知道，我公司有業績壓力，我才去那裡，不到半個月，就有兩個人願意買我的保險，這不是很神奇的感應嗎？」

美香有如喉嚨被人扼住般，說不出話來。

「一個已經辦好手續，另一個正在辦理中，我呀……。」

「抱歉！我孫子下課了，我要去接他。」

美香聽不下去，她努力壓抑著，儘量把聲音說得平和。

「等一下啦！我還有話說。」

「什麼話？」美香斜望著王阿平。

「我要叫妳也過來XX佛堂。這裡才真的是有……。」

不等他說完，美香冷著臉，說：「我會考慮，我真的時間到了，再不去，我孫子會找不到我。」

說完，美香逕自出門。

「您看，氣不氣人？」美香愈說愈生氣，也愈大聲：「王阿平這個人，根本就是唯利是圖的人。」

智者淡淡一笑。

「咦！您不生氣嗎？」

「我早說過，凡來我這裡的人，我不希望是帶有利益企圖。學佛就是單單純純的學佛。

如果有人認為我這裡不適合，他有更好的去處，我也說過：「『**來者不拒，**

去者不留。』道場是十方大眾的，來去任人！」

「哼！我看王阿平這人，根本就是……。」王美香還是恨恨的口氣。

「不管他是什麼心態，或許那裡真的有他需要的東西。想當初，大聖佛陀一降世，就告訴我們這個道理：『**天上天下，唯我獨尊**』。以前我也告訴過大家，千萬不要犯了這個毛病，但也不能否定他人的優點。希望妳謹記！」

「是！」王美香恭敬的說：「其實，早在五、六年前，我就接近過道場，只是學了段時間，我很失望。今天就是因為行者您的胸襟、無私的教法，讓我心服口服。」

「既然如此，妳還生氣什麼？」

美香赧然的笑笑，心中的氣憤，早蕩然不復存。

智者依然平和的接口：「有人的地方，就有是非，因為『有我』。了解這個道理，妳就不應該對道場失望，畢竟他們、我們都還在學習中。」

「是的！」

「六祖惠能大師說過：『**外不見人過，內不被邪迷所惑。**』記住了，千萬不要只看到別人的過失，要時常檢討自己的行為。還有，『**要明白是非，不參與是非**』。」

「是！」智者說完，王美香的心口升起深深的敬佩之心。

有無之辯

藥劑師陳春娥是個虔誠的佛教徒，工作閒暇，最喜歡的鑽研佛經。

有一次，遇到林教授，談起宗教，雙方竟然辯了起來。

「我不相信，二千五百年前，有佛陀這個人。」

「有啦！你看，他留下這麼多的經典，難道是假的？」

「這些書，也可以是人造假的。我打個比方說，有學者寫了這些東西，卻推說是佛陀寫的。原因在於，學者想藉佛陀這個人，確立他寫的經典，受到肯定。」

「沒這個必要吧？如果我有這個能耐寫出好東西，為什麼不敢說是我自己寫的？」

「好！那妳拿出證據出來。」

「證據？」陳春娥一怔：「佛陀也是人，人死了，如何留下什麼證據？」

「所以嘍！沒有這個人，這是人捏造出來的人物！」

「有啦！」

一個硬說沒有；一個堅稱有，結果——當然是沒有結果！

所以，陳春娥建議，約林教授去找智者。

聽完兩人各執一詞，智者笑了……。好一會兒，他才說：「佛陀不是人！」陳春娥臉色大變；林教授得意的接口：「我就說嘛！根本沒有這個人。都是人捏造出來的。」

「咦！我信佛、學佛的這麼久，您這麼說，讓我搞亂了！」陳春娥依舊不死心：「這怎回事？」

「別急，聽我說。」智者不慌不忙接口：「佛，梵語是佛陀，本意是『覺』。南山戒本疏一曰：『**佛，梵云佛陀，或云浮陀、浮圖，此無其人，以義翻之為覺。**』。」

陳春娥與林教授聽得仔細，全都瞪大眼，緊盯住智者，只聽智者接著又說：「佛，只是個名稱，修行到了覺悟的境界，才堪稱佛陀。就像XX教授，教授不是人，只是因學習知識，經過考試，通過了，才尊稱XX教授。又像菩薩這個名稱，只是一個尊稱，菩薩也不是人，因為修行到了一個階位，我們尊稱他是菩薩。例如：觀世音菩薩、彌勒菩薩、文殊菩薩……等等。」

林教授得意的點頭，陳春娥急躁而不以為然的接口：「林教授說，沒有佛陀這個人耶？這……好像不對！」

「嗯！」智者用力頷首：「那你們知道，有悉達多這個人吧？在歷史上，確有這個人，他父親是淨飯王，母親是摩耶夫人，他娶耶輸陀羅，生兒子——羅睺羅。」

林教授張大眼，陳春娥欣然的不住點頭，智者接口，侃侃而談：「佛經上有記載，悉達多一生的事蹟，他十九歲離開皇宮，修苦行六年。後來接受牧羊女的供養，然後在金剛座上，夜睹明星，豁然開悟，這都是真實的記載。**「因為悟道，留下了三藏十二部經典，我們後人、學者尊稱他是佛陀！**」

智者一席話，使林教授心服口服，陳春娥則是滿懷欣喜的拜別智者。

萬能

這天，智者因事，必須搭飛機。

坐他旁邊的乘客，看來文質彬彬，蠻有學養的。看到智者，極欲搭訕，智者便向他微微一頷首。

「你好！敝姓林。在美國主修化學。」

「哦！林先生，你好。」

智者原想小憩，林先生卻跟他聊開來。聊不到幾句，林先生話峰一轉，轉到宗教上，他說：「你知道麼？我們人類是非常渺小的！」

「嗯。」

「只有創造者——上帝，是最偉大的。」

「哦？」

「世界上，所有的事、物，都是上帝創造的。就連渺小的人類，也是上帝創造的。」

智者無意與他爭辯，只是淡然看他一眼，不予置評。

「你說是不是啊？」林先生窮追猛打的繼續說：「萬能的上帝，為我們人類擔了所有的罪，祂是萬能又慈悲的。你說對不對？」

「請問林先生，物理與化學，可以相通嗎？」

「當然可以！」

「現在，我們不談宗教，我想談物理。」

「好呀！」林先生聲音裡透著興奮之情，躍躍欲試的答道。

智者慢條斯理的說：「請問你，這架飛機是誰在開的？」

林先生微怔，立刻說：「當然是人在開的呀！」

「請問你，那這架飛機，是如何製造的？」

「嗯……這，要有設計師、工程師、技術師、工人……等等。」

「喔！所以說，這架飛機，也是人類製造的？」

「……。」

「請問你，你是怎麼來的？」

「這……當然是我爸媽結婚，才生下我。」

「喔！這麼說，您也是人類生下來的嘍？」

「嗯……。」談到此，林先生不知道忽然想到什麼，整張臉驀地變成紅色。

智者沉寂的恬淡一笑，靠到椅背，閉目養神。

藏六如龜

中午時間，眾多學員聚在一起閒聊，不知怎麼談的，談到後來，愈說愈大聲，還談論到美食、華裳、名牌……等等。

下午，上課時，智者緩緩掃視眾人，說：「今天，我想說一段故事。」呃！這倒稀奇了。智者向來都說法要，很少涉及故事的呢！

這是法句譬喻經的一段故事。

佛在世時，有一位修行人，在河邊樹下修行，雖然修行了十二年，可是他雜想妄念不除、六根貪染，導致無法進步。

大聖佛陀知道這個修行人可以渡化，便想去化導他。

有一天，一位沙門來到修行人住處借宿。修行人依然在樹下靜坐。不一會兒，月亮出來了，一隻烏龜由河中爬出來，爬到樹下，接著一隻野狗，因為飢餓，四處找尋食物，看到烏龜，牠一把撲上去，想吃掉烏龜。

烏龜受到驚嚇，忙把自己的頭、四肢縮入龜殼內，野狗竟無法吃牠、加害於牠。

修行人看了，說：「唉喲！烏龜有護命之鎧，野狗不能加害牠哩！」

沙門接著說：「我覺得世人不如這隻烏龜，不知道無常迅速，卻放任六根，使外魔得以趁虛而入！」

接著，沙門唱出一偈：「**藏六如龜，防意如城；慧與魔戰，勝則無患。**」

修行人很訝異，問道：「您說什麼呀？」

「這是法句經典裡說的，我照字面上翻，就是：「隱藏六根，像烏龜這樣，緊緊防護，像防護一座城。以智慧和魔戰鬥，那麼就不必擔心，不能戰勝了。所謂六根，就是眼耳鼻舌身意。防眼根，不令觀色；防耳根，不令聲塵所害；防鼻根，不令聞香；防舌根，不令味塵所惑；防身根，不為觸塵所害；防意根，不為法塵所害。」

智者說完這個故事，所有在場的眾學員們，大家都慚愧的低下頭。

事實上，防護六根，豈有這麼容易？

稍一不慎，難免受到誘惑啊！

羼提波羅蜜——忍辱

門口忽然亂哄哄，學員們你一言、他一語，紛紛議論不休。

這情形持續了一會兒後，連智者都被驚動了。他緩步走向門口，問：「什麼事？」

學員們讓出一條路，智者看到一位面容紅通通的阿伯，橫眉怒目地，口中時而喃念，時而揚聲漫罵，嘰哩咕嚕，語焉不詳。

「這位先生，您找誰？」智者客氣的問。

「我……事情……大條哩！」阿伯瞪住智者，口齒含混：「你就是……老師？」

「請問先生，您怎麼稱呼？有什麼事？」

「我……姓王，我就是找你！」阿伯拍拍胸口：「我……找……你！」

智者並不認識王先生。

王先生喝了酒，一身酒味，不過意識還算清醒，在他含混的說明下，眾人總算明白了，原來他是阿彩的丈夫。

阿彩來這裡已有五個多月，不管有沒有課，阿彩幾乎每天都會來報到，她非常熱心又勤快，一到這裡，就擦桌子、椅子、掃地、整理書報……。在學員中，是有口皆碑的個好人。

智者請王先生進來坐，泡茶給他喝，喝了茶之後，他似乎清醒了些，開始罵阿彩，智者軟言軟語問他，到底什麼事？他一面罵、一面說出。

他說，自從阿彩來這裡後，幾乎天天都不見她人影，家裡工作都不做，也不打掃，煮飯好像隨便應付、應付，總之一句，阿彩的心，完全不在家裡了！

他說，真看不出來阿彩到底在幹嘛？

「啊！是這樣啊？」智者連聲抱歉的說：「我會告訴阿彩，請你別生氣，也不要再罵阿彩。」

「哼！這女人，要給她顏色瞧瞧，她太過分了！」

智者勸說之下，王先生悻悻然的走了。

一大早，阿彩就來了，她依平常習慣，一到就開始忙碌，擦桌椅，還提水桶想擦洗地板。

「阿彩，今天不必洗地板，妳去泡壺茶，我們談談。」智者說。

雖然意外，但阿彩還是依智者所囑照辦。

泡好茶，兩人落座後，智者告訴她，昨天王先生來過了。

阿彩聞言，臉色大變，急問：「什麼？那……他有鬧事嗎？有沒有罵人？」

「沒有。」智者平板的說：「他抱怨妳沒有把家整理好！」

阿彩一窒，臉色頓蒼白，神情黯淡……。

阿彩和王先生結婚後，才知道，先生嗜酒如命，工作不固定，靠做散工勉強度日，為了家計，阿彩只好也四處打零工。

夫婦倆若能這樣安然過日子也好，只是王先生遇到工作不順利，多喝兩杯，就要怨天恨地，漫罵不休，甚至會動手打阿彩，阿彩當然生氣，可等王先生酒醒了，他會道歉。

事情有一就有二、有二就有三，隨著年紀愈大，王先生工作更難找，他酒越喝越凶，脾氣也越壞。

阿彩被打的次數也更多，有親友告訴阿彩，叫她去申請家暴保護令，王先生聽到後，收斂許多，阿彩並沒有去告他，因為她也同情丈夫沒工作，心情鬱悶。

半年前，接觸了智者，阿彩得到許多不曾聽過的道理，例如：生老病死、三世因果，等等……。

阿彩心境完全改變，她更喜歡來這裡聽課，因為這裡治癒了她困頓、愁悶的心，她更希望能多做點事，貢獻她微薄的力量。

聽完阿彩的敘述，智者恬淡的開口，說：「古人有謂：『修身、齊家、治國、平天下。』首先是修養個人身心，但家也很重要，沒有完整的家，如何治國、平天下？」

「可是，在家裡，我怕他……。」

「妳先做好自己的本分，不要落王先生的口實，再來影響他。也許，他受到妳感化，肯改變自己。夫妻是同林鳥，他能改變，妳也高興，對不對？」

阿彩眼中升起希冀之光，頓頓，她又皺起眉頭：「可是，不來這裡，我心裡會難過。來這裡，我可以感到心安。」

頓頓，智者又問：「妳來這裡的目的是什麼呢？」

「我……。」阿彩想了想：「我想學佛。」

智者點頭：「學佛、修行，不是來這裡才能學佛。」

阿彩睜大眼睛，望住智者，她真的不懂了……。

「所謂修行，就是修正貪、瞋、痴；行持戒、定、慧。我常向學員們說不是在念佛、禮佛時，才叫修行。要時時刻刻，將心繫在修行的意念中，這才叫做『修行』。」

阿彩點點頭，口中卻道：「可是，很困難哩！」

「修行當然不簡單。妳在念佛、禮佛時，是看不出修行在哪。但是當有人罵妳、毀謗妳，甚至傷害妳，妳的反應是什麼?當下就可看出來妳的修行了！」

「啊！」阿彩似乎有所感覺了：「我先生打我時，我立刻想反擊，只是力量不夠，才忍下來……。」

「對！因為妳力量不夠，不得不忍下來，這是世間上的『忍』。這個並不屬於六度波羅蜜中的『忍』波羅蜜。『六度波羅蜜』中的『忍』是有能力，但因為明瞭道理，就可以不反擊，可以原諒對方，這裡面有『佛』，也就是『覺』的內涵。所以，兩者意義完全不一樣。」

阿彩聽得張大嘴，說不出話……。

只聽智者接口：「再回到剛剛，修行的話題，就像剛才我說的，妳明白了修正貪、瞋、痴；行持戒、定、慧。那麼就算妳在家裡，不管是工作、吃飯，甚至睡覺，都在修行，重點是妳的意念。」

阿彩用力點頭。

「回去，好好跟王先生相處，依我所說的『修行』方式，妳可以試試看！」

阿彩有將近一個月沒來了，等她再出現時，整個人都不一樣了。

她神清氣爽，容光煥發的，說：「剛開始，王先生還是動不動發脾氣、罵人，但阿彩緊緊記住智者的話，並將之實行。漸漸的，王先生感受到阿彩的順忍，在阿彩軟言溝通下，王先生收斂許多，甚至告訴阿彩，他得好好去找工作。」

像今天早上，王先生說，阿彩很久沒來這裡，反而叫阿彩來智者處禮佛。

「那妳在家裡時，有沒有修行呀？」智者問。

「喔！」阿彩笑瞇瞇的說：「我擦桌子時，手一動，就念一聲佛。掃地時，掃一下，就念一聲佛。我明白了，學佛、修行，並不一定非得在佛堂啊！」

智者頷首，拈一偈：「**修行辦道，吃飯睡覺；種花弄草，平常心了。**」

三界唯心

自從上課時，智者教大夥兒靜坐之後，許宗彥就沒有再來，過了約一個月後，許宗彥來了。

他向智者報告，說他回去後，依照智者教授的方法，每天固定靜坐。剛開始，心的確很散亂，他記得智者說過，心散亂是一定會有的現象，不過，不必刻意排斥，可以慢慢讓自己意念凝聚。

耶！結果，進步很多，一天比一天更容易進入澄心意靜的狀況。甚至有一天，他足足靜坐了兩個小時，神清氣明，就像智者說的：「**定境離幻意不亂。**」

這種感覺，讓許宗彥興奮莫名。

智者聽了，嘉許的點點頭。

「請問，我這是進入所謂三界中的『禪定』嗎？」

「唔！也可以這樣說。不過『禪定』的層次很多重。」

這時，旁邊一位學員，名叫陳定山，插口道：「我記得我筆記抄過三界，就是欲界、色界、無色界。」

智者轉向陳定山，一頷首。陳定山接口又說：「我查過佛學辭典，欲界包括上自六欲天，中自人畜所居的四大洲，下自無間地獄。色界是沒有欲望、欲念，但還有色相的眾生世界，也就是四禪十八天。四禪包括初禪——梵眾天、梵輔天、大梵天，二禪包括少光天、無量光天……。」

等他一一念完四禪十八天，智者淡淡笑道：「不錯哦！你背的很熟！」

陳定山靦腆的抓抓頭，接口說：「請問，這四禪天，一層一層上去，最後，不就是遠離地球，要進到太空去了？」

大夥兒聽了，不禁莞爾。

但是，事實上，大家都有這疑問，只是沒人發問。

現在，陳定山一問，大家都好奇的望向智者。

「我曾向大家說過，佛陀的教示，主要以人為本。你看現在，人們有欲望，所謂五欲：『財、色、名、食、睡。』不就是指欲界嗎？」

大夥兒一致點頭。

「修行，減低欲望，當欲望減到最低，也就是由欲界，進入了色界。但這是指內心的修行境界而言。」

眾人聽的都頷首。

智者轉向陳定山，接口說：「你剛才說的四禪十八天，屬於佛學名詞。我現在說的，是指內心的修行境界。這樣說，各位是否都明白了？」

有人點頭；也有人臉上一片模糊神色。

智者補充道：「例如你以前很喜歡名牌，但現在因為修行，減低欲望，所以，再有名的名牌，都無法蠱惑你，吸引你想去擁有。或者有人喜歡名利，但因修行而淡泊，不再追求名利。那，你就是脫離了欲界，進入了色界。我這樣解釋，各位懂嗎？」

「啊！知道了！」

「就是因為『心』嘛！」

「對！所以有一句：『**三界唯心，萬法唯識**』。」智者很高興的接口：「我們修行，就是要修心啊！」

華嚴經：「**若人欲了知，三世一切佛；應觀法界性，一切唯心造。**」

印證

躊躇了很久，李民雄終於鼓起勇氣，向智者一禮，有絲靦腆的說：「學生有一事請求！」

「請說！」

「學生一位朋友，學佛日久，比我更久，也修得非常好，他想……。」

智者清澈眼光，望著李民雄，眼神盡是鼓勵之意。

「他想來見您，求您指點一二。因為他對學佛，有很深的迷惑！」

「喔！」

「不知道您可願意？」

智者點點頭，反問：「你怎會有這樣的疑問？」

「呀！因為學員這位朋友，跟別的法師學，我以為……。」

「跟誰學都一樣。」智者正色道：「『萬流同歸大海』。跟誰學、或學什麼，結果不都只是想求得覺悟之道。」

李民雄聽了，高興莫名。

在智者首肯之下，李民雄帶著朱東豪來見智者。

朱東豪，學佛二十年，平常的功課，排得滿滿：早、晚課之外，每天都固定閱經、念佛、靜坐。

智者看著朱東豪的一言一行及舉止神情，修養相當好，真不愧是修行者。

接著，朱東豪鉅細靡遺的說出他的迷惑，智者也聽得仔細。

原來有一次，朱東豪到某道場，參加禪七，結果第三天吧！主事者領眾坐禪。

或許因為平常的修養夠，坐禪時，朱東豪坐得特別安詳而澄心，就連打板了，他還是繼續坐，還坐得相當安穩，甚至大夥兒都起身了，他絲毫不受影響。

這時，群眾皆嘩然。

結果，主事者告訴大眾，說朱東豪已經開悟了！

嘩！這是何等光榮的大事啊！

同樣去打禪七的同參們，個個既羨慕又欽佩他。當然，朱東豪更是得意莫名。

然而，回家後，朱東豪依照以往的功課一樣努力，可是他卻發現，事情並非這樣！

一切雖然照樣，但是自己是開悟了的人，生活就應該會有所不同的啊！

但怎樣不同呢？他不知道了。

於是，他心裡起了深深的疑惑——什麼是開悟？開悟了又會怎樣？

最後，朱東豪說道：「既然開悟了，為什麼我還是會有煩惱？」

智者點點頭，說：「事實上，你這不是開悟。你只是達到『輕安』的境界。」

李民雄和朱東豪望住智者，等他下文，只聽智者接口說：「真正的開悟，不只是指在修行上，天天禮佛、念佛、靜坐，儘管修養的很好，這只能說『**事上圓融**』。另外，你天天看書、看經典，知道許多道理，但卻沒有修行，這只能說『**理上之解**』。事要修，理要通達。正是所謂『**理事圓融**』這才有開悟的機會。」

李民雄和朱東豪雙雙點頭。智者接口又說：「其實，開悟了，也是一樣過日子。請聽我一偈！」

「是！」李民雄和朱東豪恭謹嚴肅齊聲道。

「**修行辦道，種花弄草；八風不動，平常心了。**」

「啊！」朱東豪恍然大悟的說：「就算開悟了，也不能因八風而被吹晃動！」

智者淡然一笑，緩緩說：「嗯！不錯。話說回來，兩位可知道嗎？佛陀開悟了，也有煩惱啊！」

朱東豪和李民雄同時瞪大眼。

「因為，佛陀有眾生未渡盡的煩惱。」

兩人皆恍然大悟的頷首。

智者接著說：「雖然，這煩惱很微細，也是煩惱。何況是我輩凡夫。所以，你們千萬不要以為開悟了，就會怎樣、怎樣？就算開悟了，你還是一樣穿衣、吃飯，一樣過日子呀！」

迷惑受到指點，朱東豪虔誠的向佛堂前一禮，深深拜謝智者的教示，原來開悟並非簡單的事，但是卻常有人錯用了！

上當

阿錦姨非常生氣的來見智者，請求智者開示。

智者淡笑道：「先說說妳的事情吧！」

「是！」

原來，早上，阿錦去買菜，攤販的菜，一包、一包都包得好好的。阿錦上前，正在看這些菜，還拿起其中一包細看，這時攤販女主人拿起旁邊一包，開口了：「啊！這包啦！這包是最新鮮的，還有我告訴妳，這包比較重，份量多，拿這包就對了！」

「是嗎？」

「喏！妳掂掂看，我沒有騙妳。」

阿錦接過來，和手中那包一掂，果然攤販這包比較重，且重很多，於是阿錦二話不說，讓攤販包起來，給錢走人。

煮晚飯時，阿錦打開來，發現這包菜，裡面有些發黃，有些微爛，她可氣炸了。但是早市攤販都收攤了，想理論，只能等明天了。

「我很笨耶！每次受騙，每次都不覺醒。您看，我是不是很呆才會被騙？」

一旁的幾位學員，都偷偷竊笑……。

「受騙嗎？看妳怎麼解讀。」

「我常常這樣哪！每次去買菜，每次都不知不覺聽攤販的話，每次都被騙！」阿錦忿忿的說：「現在的人，很可惡。」

「仔細想想看，妳自己也貪，所以才會受騙。對不對？」

「嗯！對！我就是貪它比較大包……。」阿錦點點頭。

「所以嘍！不過換一個角度來說，是妳太善良。其實，被騙不見得不好。因為妳又得到一次教訓，這可以提醒妳，提高警覺。」

「那，我已經很多次了耶！」

「妳就這樣想，吃虧就是占便宜。世間上，很多事，原本就是一體兩面，妳生氣了，對自己身體沒有好處。」

阿錦無話可說了。

接著，智者向大家說了一位古代大德說過的偈：「**手把青秧插滿田，低頭便見水中天；六根清淨方為道，退步原來是向前。**」

經過智者的解釋後，阿錦心裡充滿了歡喜心，不過臨走時，智者告訴她，還是要多加注意，最重要的一點——是不要有貪念。

問題

上完「圓覺經」的課，照例，智者會留一點時間，讓大家發問。

果然，一位女士首先發問道：「『**粗相為想，細想為思**』，我始終搞不出清楚它的意思。」

智者頷首，說道：「我可以打個比方解釋。譬如以買衣服為例，當妳眼根接觸到一件衣服時，乍看很喜歡，有一股衝動，想要擁有它——這是粗相。」

「可是，再仔細觀察這件衣服的質料、色澤，妳會發現這不是妳需要的，或者妳已經有了相似的衣服……。這時，妳開始猶豫、思考，要不要買？——這就是細想。」

「啊！我懂了！」女士學員高興的點頭。

智者接口，又說：「順便一提，之前我曾向各位說過，談佛法需要有人、法、喻三種運作。人，各位都知道，就是主講者，以及聽聞者。法，即是法義。喻，即是譬喻。」

果然，有了譬喻，聽者比較清楚法義。

接著，另一位居士問道：「請問『圓覺經』裡，佛陀回答金剛藏菩薩說的：

譬如動目能搖湛水。又如定眼。猶迴轉火。學人不懂它的意義。」

智者說道：「首先，我們得先回到金剛藏菩薩問的——若諸眾生本來成佛，何故復有一切無明？」

我現在簡單的解釋，就是說：「眾生本來皆有佛性，為何會有一切的無明呢？

眾生何故會有無明？因為有太多的錯覺與迷惑，迷惑於世間上的種種逸樂；把三毒、十使——包括五鈍使、五利使……等等，認是人生至高享樂，耽溺其中而不自覺。」

所以，佛陀回答他這句：「『**譬如動目能搖湛水。又如定眼。猶迴轉火。雲駛月運舟行岸移亦復如是。**』這句話的意思，我簡單的說就是一種錯覺。」

接著，智者又舉出古代禪師的偈子，詳細說明人的許多錯覺：「空手把鋤頭，步行騎水牛；人從橋上過，橋流水不流。風動？幡動？仁者心動。」

這一舉例，有幾位學員頓然明白，皆臉現笑容。但也有幾位，依舊茫然。

畢竟，正如六祖惠能說的：「法無高下，人有頓漸。」

理與事

呂大民毫無預警的來見智者，還跟了個陌生人。

智者看看兩人，客氣的說：「請坐，有什麼事？」

呂大民來上課了有七、八年之久，平常說不上用功，因為他還在做生意，相當忙碌。

「這位是我的鄰居，姓王，王志高。」

智者點點頭，王志高也向智者合掌一禮。

接著，呂大民說出來意。

王志高無意中接觸了一些善書，有很多看不懂，也沒有這個機緣，可以請示善知識、大德，於是他就靠善書上所說的，和自己所理解的，只要下班後，或空暇時，就靜坐。

這樣持續了約有半年，他發現愈來愈有心得，甚至閉上雙眼時，可以看到佛像、發光等等……跡象。

有一天，一群朋友聚會，其中有一位學佛的朋友，無意中閒談起，王志高透露出自己的狀況，這位學佛朋友問他一些佛教上的問題，他卻啞口無言。

因為他什麼都不知道啊！

經過呂大民的介紹，王志高一再拜託他，請他引見智者。

智者聽罷，點點頭，說道：「首先，我要講一位古代大德的事蹟。」

一位古代大德，跑到深山去修行，每天打坐，修行得很好。有時候，他一坐就是幾小時、幾天，甚至引來小鳥啣水果，或山上動物、天人等送吃食來供養他。

這件事，被那些上山的路人、樵夫給傳開來，這消息傳開後，大家都說某某山上，有一位高人在修行……。

有一天，一位行腳者特別來拜會他，並向他請益。

結果這位修行者，竟茫然無措，不只不會回答行腳者的問題，甚至連最基本的道理都不懂。

行腳者告訴他，可以到某某道場向某某師請益。

這時候，修行者已經都快六十歲了，也就是說，他修行了幾十年，早有根基了，但是他卻毅然決然的下山，去尋求善知識。

結果他還到處參學，到處吸取知識。

有一天，修行者正準備喝茶之際，一不小心，手被熱水燙到，杯子掉到地上，發出清脆聲，在這當下，修行者頓然悟道了！

他寫了一首偈，道出他這刻的悟境：「**杯子撲落地，響聲鳴瀝瀝；虛空粉碎了，狂心當下息。**」

雖然修行者開悟了，可是他依舊照平常靜坐、修行，後來他活到一百多歲，才示現入滅——以上系近代高僧，虛雲老和尚的事蹟。

聽完，呂大民和王志高一同呼了口大氣……。

「兩位聽完，有什麼感想？」

兩人皆無語，智者接口說道：「修行並非盲修瞎鍊。必須有善知識的引導，才不致走偏了。」智者看著王志高：「靜坐，就是靜靜的坐，目的在調服散亂的心，如果說會看到什麼光、什麼像，那都是幻像。金剛經謂：『**凡所有相，皆是虛妄**』。」

「既然都是虛妄，那就什麼都沒有，什麼都是空了？」王志高問。

「那是無記空！」

「呃！」王志高搔搔頭：「我還是不懂！」

「所以為什麼要研究經典。經典也說過，修行時，會有五十多種陰佛出現，我們更要多小心，所謂：『失之毫釐，差之千里。』」

呂大民和王志高一致點著頭。智者轉向呂大民：「上課時，我曾說過，用功修行，那只是在『**事上圓融**』。如果只看經典，知道道理，如果沒有修行，這只能說是『**理上之解**』。事要修，理要通達。」

「我知道。」呂大民接口，迅速道：「這就是您說過：『**理事圓融**』。」

智者嘉許的點頭：「很好！你還記得。」

呂大民沾沾自喜的看一眼王志高。

王志高深深吸口氣，向智者合掌，恭謹的說：「請問，這裡的上課時間是……？我可以來嗎？需要具備什麼條件嗎？」

這之後，王志高也成了智者的學員。

——完——

TALENT

大大的享受拓展視野的好選擇

謝謝您購買 生死轉念：唯有放下才是真正的慈悲 這本書！

即日起，詳細填寫本卡各欄，對折免貼郵票寄回，我們每月將抽出一百名回函讀者寄出精美禮物，並享有生日當月購書優惠！

想知道更多更即時的消息，歡迎加入"永續圖書粉絲團"

您也可以利用以下傳真或是掃描圖檔寄回本公司信箱，謝謝。

傳真電話：（02）8647-3660　　信箱：yungjiuh@ms45.hinet.net

☺ 姓名：　　□男　□女　　□單身　□已婚

☺ 生日：　　□非會員　　□已是會員

☺ E-Mail：　　電話：（　）

☺ 地址：

☺ 學歷：□高中及以下　□專科或大學　□研究所以上　□其他

☺ 職業：□學生　□資訊　□製造　□行銷　□服務　□金融
□傳播　□公教　□軍警　□自由　□家管　□其他

☺ 您購買此書的原因：□書名　□作者　□內容　□封面　□其他

☺ 您購買此書地點：　　金額：

☺ 建議改進：□內容　□封面　□版面設計　□其他

您的建議：

廣　告　回　信
基隆郵局登記證
基隆廣字第57號

新北市汐止區大同路三段一九四號九樓之一

大拓文化事業有限公司收

請沿此虛線對折免貼郵票，以膠帶黏貼後寄回，謝謝！

想知道大拓文化的文字有何種魔力嗎？

- 請至鄰近各大書店洽詢選購。
- 永續圖書網，24小時訂購服務
  www. foreverbooks. com. tw
  免費加入會員，享有優惠折扣
- 郵政劃撥訂購：
  服務專線：(02)8647-3663
  郵政劃撥帳號：18669219